A Filosofia e a Criança

A Filosofia e a Criança

Gareth B. Matthews

Tradução
CARLOS S. MENDES ROSA

Martins Fontes
São Paulo 2001

Esta obra foi publicada originalmente em inglês com o título
PHILOSOPHY AND THE YOUNG CHILD, por Harvard University Press.
Copyright © 1980 by the President and Fellows of Harvard College.
Publicado por acordo com Harvard University Press.
Copyright © 2001, Livraria Martins Fontes Editora Ltda.,
São Paulo, para a presente edição.

1ª edição
março de 2001

Tradução
CARLOS S. MENDES ROSA

Revisão da tradução
Claudia Berliner
Revisão gráfica
Izabel Cristina de Melo Rodrigues
Helena Guimarães Bittencourt
Produção gráfica
Geraldo Alves
Paginação/Fotolitos
Studio 3 Desenvolvimento Editorial

Dados Internacionais de Catalogação na Publicação (CIP)
(Câmara Brasileira do Livro, SP, Brasil)

Matthews, Gareth B., 1929-
 A filosofia e a criança / Gareth B. Matthews ; tradução Carlos S. Mendes Rosa. – São Paulo : Martins Fontes, 2001. – (Psicologia e pedagogia)

Título original: Philosophy and the young child.
Bibliografia.
ISBN 85-336-1374-1

1. Criança e filosofia I. Título. II. Série.

01-0718 CDD-108.8054

Índices para catálogo sistemático:
1. Criança e filosofia   108.8054

Todos os direitos para o Brasil reservados à
Livraria Martins Fontes Editora Ltda.
Rua Conselheiro Ramalho, 330/340
01325-000 São Paulo SP Brasil
Tel. (11) 239-3677 Fax (11) 3105-6867
e-mail: info@martinsfontes.com
http://www.martinsfontes.com

Índice

Prefácio... 1

1. Dúvida 3
2. Jogo... 15
3. Raciocínio 29
4. Piaget 45
5. Histórias... 65
6. Fantasia 77
7. Ansiedade.. 97
8. Ingenuidade 105
9. Diálogos... 111

Índice remissivo.. 123

Para Mary

Prefácio

    Foi pensando em como dar cursos de introdução à filosofia para universitários que comecei a me interessar pelo pensamento filosófico das crianças. Muitos alunos pareciam resistir à idéia de que fazer filosofia fosse natural. Para enfrentar essa resistência, adotei a estratégia de mostrar-lhes que, quando crianças, muitos deles já haviam feito filosofia. Percebi que meu trabalho de professor universitário de filosofia consistia em voltar a pôr meus alunos em contato com uma atividade que eles já tinham adorado e achado natural, mas que mais tarde a vida em sociedade os levara a abandonar.
    Quando comecei a refletir sobre o pensamento filosófico das crianças, achei o assunto fascinante. Descobri também que interessava a outras pessoas, tanto dentro como fora da sala de aula. Pus-me então a elaborar idéias sobre isso, a pesquisar e lecionar informalmente o assunto e a coletar as reações e o pensamento dos outros – filósofos e leigos, pais, professores e pessoas comuns que gostam de crianças.
    Fui encorajado a escrever este livrinho pelo interesse de várias pessoas, especialmente Paul Bosley, Stanley Cavell, Herbert Kohl, Matthew Lipman, Mary Matthews e William Winslade. Por terem contado para mim alguns dos

casos, agradeço a Stephen Brown, John Cooper, Mary Fairfield, Eileen Kologinsky, Jane e Michael Martin, Andy Martinez e John Robison.

Certos trechos deste livro apareceram antes nas seguintes publicações: *Communication and Understanding*, organizado por Godfrey Vesey (Sussex: Harvester Press, 1977); o periódico *Metaphilosophy*, volumes 7 (1976) e 10 (1979); o periódico *Thinking*, volume 1 (1979); e *Growing Up with Philosophy*, organizado por Matthew Lipman e Ann Margaret Sharp (Filadélfia: Temple University Press, 1978). Agradeço ao diretor do Royal Institute of Philosophy, ao editor de *Metaphysics*, ao editor de *Thinking* e à Temple University Press por permitirem a reprodução desses textos aqui. Agradeço também à Routledge & Kegan Paul Ltd. e Humanities Press, Inc., por permitirem a utilização de trechos e a publicação de uma ilustração de *The Child's Conception of the World*, de Jean Piaget; e à Routledge & Kegan Paul Ltd. e à Schocken Books, Inc., por permitirem citações de *Intellectual Growth in Young Children*, de Susan Isaacs.

Amherst, Massachusetts
G.B.M.
Maio de 1980

1. Dúvida

TIM (cerca de seis anos), muito entretido lambendo um pote, perguntou: "Papai, como é que a gente pode ter certeza de que tudo não é um sonho?"

É INQUESTIONÁVEL que Tim acha que está muito entretido lambendo um pote. Se estivesse sonhando, ele provavelmente estaria sonhando que estava muito entretido lambendo um pote. Qual a diferença entre estar realmente lambendo um pote e só sonhar que se está fazendo isso? Talvez a diferença seja somente esta: quando se trata de um sonho, pode-se acordar e perceber que o episódio de lamber o pote era só um sonho.

Será que para Tim faz ou deveria fazer alguma diferença saber se está acordado ou sonhando? Se faz, qual é a diferença? Será que o pote não seria gostoso do mesmo jeito?[1]

Até agora falei como se a pergunta de Tim fosse: "Como sei se estou sonhando agora?" Evidentemente não se trata disso, mas do seguinte: "Como a gente pode ter cer-

---

1. Parece que Santo Agostinho achou que sim; veja o seu *Contra academicos* [Contra os acadêmicos] 3.11.26.

teza de que nem *tudo* é sonho?" Quer dizer, como podemos ter certeza de que estamos acordados?

Suponhamos que tudo seja um sonho, o meu sonho. Haveria partes do meu sonho em que parece que estou acordado e partes em que parece que estou dormindo. Qual poderia ser a diferença entre a vida como acredito que ela seja, com períodos de vigília e momentos de sonho, e um sonho eterno em que às vezes pareço estar acordado e às vezes ter sonhado isto ou aquilo?

O dilema de Tim é pura filosofia. Tim formulou uma pergunta que põe em dúvida de tal forma uma noção tão simples (estar acordado) que somos levados a nos perguntar se realmente sabemos o que a maioria admite saber inquestionavelmente. O que esse dilema nos faz perguntar é se sabemos que às vezes estamos acordados e que, portanto, a vida não é sonho.

Dúvida e admiração estão intimamente relacionados. Aristóteles diz que a filosofia começa pela admiração (*Metafísica* 982b12). Bertrand Russell diz que a filosofia, "se não consegue *responder* a tantas perguntas quantas gostaríamos, tem pelo menos o poder de *formular perguntas* que aumentam o interesse pelo mundo e revelam a estranheza e a admiração por trás das aparências, até mesmo nas coisas mais comuns da vida diária"[2].

Aristóteles também afirma que a admiração que dá início à filosofia tem semelhança com a dúvida (*Metafísica* 982b17-18). E Wittgenstein diz: "Um problema filosófico é expresso na forma: 'Não sei qual é a saída'."[3]

---

2. Bertrand Russell, *The Problems of Philosophy* (Nova York: Oxford University Press, 1959), p. 16.
3. Ludwig Wittgenstein, *Philosophical Investigations* (Oxford: Basil Blackwell, 1967), nº 123, p. 49.

DÚVIDA

Às vezes a dúvida filosófica se desfaz. Aprende-se a encontrar saídas; talvez se vença a dificuldade pelo raciocínio. Mas às vezes a dúvida não se desfaz, pelo menos por muito tempo.

> JORDAN (cinco anos), indo para a cama certa noite às 8 horas, perguntou: "Se eu vou dormir às 8 e acordo às 7 da manhã, como posso ter certeza de que o ponteiro pequeno do relógio só deu uma volta? Preciso ficar acordado a noite toda olhando para ele? Se eu olhar para outro lado só um pouquinho, pode ser que o ponteiro pequeno dê duas voltas."

Talvez a dúvida de Jordan resida em parte na inquietação de não ter provas suficientes, ou provas suficientes do tipo desejado, para chegar a uma conclusão universal, a conclusão de que entre uma noite e a manhã seguinte o ponteiro pequeno do relógio dá uma volta, e apenas uma volta.

Costumamos olhar para o relógio esporadicamente. Jordan, por exemplo, pode olhar para o seu relógio de cabeceira de tempo em tempo, mas obviamente não quando não está no quarto: quando está fazendo as refeições, assistindo à televisão, quando sai para brincar ou quando vai para a escola. Em princípio, Jordan certamente poderia reservar um dia inteiro para observar o relógio. Pediria que lhe servissem as refeições no quarto, ou poderia levar seu relógio para a sala de jantar. Dessa forma, Jordan estaria vigiando o relógio constantemente.

O comentário final de Jordan – "Se eu olhar para outro lado só um pouquinho, pode ser que o ponteiro pequeno dê duas voltas"– indica que o problema dele pode não ser o problema prático de, como diria um filósofo da ciência, ampliar seu campo de evidências. Antes, indica que, por mais atenção que Jordan dê a seu relógio, talvez ainda sobre a preocupação de como ele pode inferir com toda a certeza os períodos que ele não observou com base nos que ele observou. As situações e as ações observadas são um princípio confiável para as situações e as ações não observadas? Pode ser que Jordan tenha um amigo no jardim-de-infância que faz caretas para a professora sempre que ela está de costas, e nunca em outra situação. Como podemos saber que os relógios não são assim? Sabemos *realmente* que não são assim? Talvez a indução se fundamente em uma presunção tão ingênua quanto a crença de que o que Jordan e seu amigo fazem diante dos olhos atentos da professora seja um princípio confiável para saber o que eles fazem quando a professora sai da sala ou se vira para outro lado.

Não sei se Jordan achou um jeito de se livrar de sua dúvida. Talvez sim, ou talvez ele tenha perdido o interesse nisso. Se um dia ele fizer um curso de filosofia na universidade, verá que nele se discute o chamado "problema da indução". Em essência, o problema consiste em saber se estamos certos – e, se estivermos, com que fundamento – em tomar as situações observadas como princípio para as situações não observadas. Pode ser que Jordan ache familiar o problema da indução. No entanto, é provável que no momento em que Jordan entrar na faculdade ele tenha esquecido que algum dia se preocupou com o funcionamento do relógio quando não o observava.

> CERTO DIA, John Edgar (quatro anos), que muitas vezes viu aviões decolando, subindo e sumindo na distância, andou pela primeira vez de avião. Quando o avião parou de subir e o aviso de apertar o cinto de segurança se apagou, John Edgar virou-se para o pai e disse um tanto aliviado,

mas ainda perplexo: "Na verdade, as coisas aqui em cima não ficam menores."

Filósofos e psicólogos debatem há muito se um avião que vai sumindo na distância parece ficar menor e aprendemos a interpretar a aparência de um objeto que diminui como um objeto que se distancia no espaço, ou se, depois de termos tido várias experiências com objetos que se distanciam e se aproximam de nós, o avião simplesmente parece estar se afastando na distância e não há necessidade de fazer inferências ou interpretações.

A primeira idéia corresponde a uma interpretação filosófica do nosso conhecimento segundo a qual recebemos dados por meio dos sentidos, dados estes em si mesmos irretocáveis (quer dizer, o que *percebemos* é inquestionável), e que, a partir desses dados, fazemos inferências sobre a realidade existente por trás deles (neste caso, a conclusão de que o avião está realmente cada vez mais distante de nós). Sob essa perspectiva, os enganos que cometemos a respeito do mundo que percebemos à nossa volta provêm das inferências que fazemos com base em dados irretocáveis e indubitáveis.

Os críticos dessa concepção dos dados dos sentidos insistem na impossibilidade de isolar dados puros de experiências sensoriais e discerni-los de todas as interpretações e de todas as inferências que fazemos deles. Segundo esses críticos, depois de termos vivido situações em que os objetos se afastam, os objetos não parecem diminuir de tamanho ao se afastarem; eles simplesmente parecem se afastar.

A divergência entre as duas facções é importante em epistemologia, a teoria do conhecimento. A concepção dos dados dos sentidos é obviamente favorável à idéia de que poderíamos reelaborar todo nosso conhecimento do mundo mostrando que ele se apóia em fundamentos certos e seguros, os dados dos sentidos. A outra concepção considera ingênuo e equivocado o fundacionalismo em epistemologia.

O comentário de John Edgar indica que ele dispõe efetivamente de um "dado" quase puro, ao contrário do que supõem os críticos da teoria dos dados dos sentidos. Além disso, o comentário dele insinua que ele pode ter feito uma interpretação errada dos dados e está prestes a fazer outra interpretação.

Os aviões realmente diminuem de tamanho à medida que sobem no céu? Se diminuíssem, que aparência teriam, lá no céu, para os passageiros que transportam? Sem dúvida, os passageiros também diminuiriam de tamanho. Ao se entreolharem e olharem para o interior do avião, eles não estariam em melhores condições de constatar a diminuição de tamanho do que Alice no País das Maravilhas:

> Mas logo seus olhos deram com uma caixinha de vidro debaixo da mesa: abriu-a e achou dentro um pequeno bolo, no qual estava lindamente marcada com passas a inscrição: "COMA-ME". "Bom, vou comê-lo" – disse Alice – "e, se ficar maior, posso pegar a chave; se ficar menor, passo por baixo da porta. Assim, de qualquer maneira entro no jardim, e pouco me importa o que acontecer!" Comeu um pedacinho e disse a si mesma, com ansiedade: "E agora? E agora?", colocando a mão em cima da cabeça, a fim de sentir se estava crescendo ou diminuindo. E ficou bastante surpresa de ver que continuava do mesmo tamanho.[4]

---

4. Lewis Carroll, *Alice's Adventures in Wonderland & Through the Looking-Glass* (Nova York: New American Library, 1960), p. 23. [Edição brasileira, tradução e organização de Sebastião Uchoa Leite: *Alice no País das Maravilhas, Através do espelho e o que Alice encontrou lá e outros textos*, Fontana-Summus, 1977.]

DÚVIDA

Se a conclusão de John Edgar basear-se simplesmente na aparência das coisas na cabine à sua volta, sua inferência será tão imprecisa quanto a de Alice. Mas ele decerto logo dará uma olhada pela janela. Talvez ele veja o aeroporto de onde o avião decolou. Verá que as pessoas e os aviões que permaneceram no chão "encolheram" da mesma maneira que os aviões "encolhem" a distância quando ele mesmo está no chão. Se refletir sobre essas informações, poderá diferenciar aparência de realidade e inferir que objetos que se afastam parecem ficar menores, muito embora mantenham o tamanho.

QUANDO DEI O CURSO "A filosofia e a criança pequena" no Smith College, há vários anos, uma das minhas alunas resolveu testar com seu irmão de cinco anos, David, algumas das questões que discutíamos. Nas férias de primavera, ela o entrevistou e gravou a conversa. Na transcrição há um elucidativo momento de dúvida sobre o conceito de vida:

> DAVID está preocupado se uma maçã é viva ou não. Ele concluiu que ela tem vida quando está na terra, mas não quando é trazida para casa.

A maçã sobre a mesa está viva? David está confuso. Se está viva, quando a comemos, comemos uma coisa viva. Se não está viva, em que ela difere da maçã que ainda está na árvore?
Uma abordagem comum da questão da vida é relacionar uma série de funções "vitais" (digestão, evacuação, reprodução, locomoção) e depois dizer que um organismo está vivo se ele for capaz de executar várias dessas funções. Parece que David não pensou por esse enfoque. Em que ele pensava?

Vejamos as flores. Quando cortamos e levamos rosas para casa e as colocamos em um vaso com água, dizemos que as estamos mantendo vivas (pelo menos até que as pétalas comecem a cair e as folhas amareleçam).

Nós não colocamos maçãs na água. Podemos colocá-las em local fresco, mas não dizemos que fazemos isso para mantê-las vivas – talvez digamos que fazemos isso para mantê-las frescas. Será, então, que elas deixam de estar vivas quando as trazemos para casa?

As maçãs estão vivas quando caem da árvore? Talvez David pense na vida de uma maçã em termos de seu ciclo de vida. Pode ser que ele saiba que uma maçã tem sementes e nutrientes para as sementes e que, se a maçã for deixada no solo, uma semente pode germinar e gerar uma pequena macieira. Essa pequena macieira pode chegar a ser grande e, por sua vez, produzir maçãs. E assim prossegue o ciclo.

Talvez se possa dizer que a morte ocorre quando o ciclo é interrompido, por exemplo, quando a árvore nova resseca de tal forma que não chega a crescer, ou quando a maçã é trazida para casa impedindo suas sementes de germinar. Essa associação de idéias é interessante, uma resposta engenhosa para um enigma muito antigo e persistente.

ACONCHEGO NA CAMA meu filho de oito anos, John. Ele olha para mim e me pergunta, inesperadamente: "Papai, por que eu não vejo você em dobro, já que tenho dois olhos e vejo você com cada um deles?"

O que eu poderia dizer?

Primeiro, tento ter certeza de que entendi o que o está intrigando.

"Você tem dois ouvidos", lembro a ele. "Você acha estranho não *escutar* dobrado?"

DÚVIDA

John abre um sorriso: "O que é escutar dobrado?"
"Mi-minha vo-voz po-poderia s-soar as-assim", digo eu.
Ele pensa. "Mas os seus dois ouvidos andam sempre juntos."
"E será que seus olhos também não andam sempre juntos?", pergunto.
Ele fica sério, pensa e sorri de novo. "Você só está me dando outro problema", reclama ele. "Eu quero pensar naquele que eu já tenho."
Muito justo. "Talvez", sugiro, "seja porque a imagem que você recebe com o olho esquerdo venha junto com a imagem que você recebe com o olho direito. Se vêm juntas, elas formam *uma* só imagem".
Fizemos um teste com dois dedos, um próximo dos olhos, o outro mais distante. Tentamos focar primeiro um dedo, depois o outro. O objetivo, focando o dedo mais próximo, é ver se conseguimos ver o dedo mais distante em dobro e vice-versa. A moral deve ser que as duas imagens *nem sempre* vêm juntas para formar uma, embora geralmente seja assim.
Meu filho não ficou satisfeito. Descobri que, depois de muito elaborar o que aprendera na escola sobre a visão e a imagem retiniana, ele construiu para si mesmo uma tese complexa sobre a visão, segundo a qual por cada olho entra uma imagem, que é invertida, reinvertida e depois projetada na frente do sujeito. Não é de admirar que ele esteja preocupado com o fato de não ver dobrado!
Eu sugiro várias maneiras de simplificar a tese dele, mas ele não aceita simplificações.
"Vou ter de pensar nisso mais um pouco", diz ele. "Falo com você quando tiver uma solução."
A pergunta de John – "Por que eu não vejo você em dobro, já que tenho dois olhos?" – mistura óptica, neurofisiologia, psicologia e filosofia. Soube depois que, na esco-

la, John viu na televisão um episódio em que um homenzinho subiu até o olho de alguém para contemplar a imagem retiniana. Desde que a imagem retiniana foi efetivamente observada no início do século XVII, as pessoas se perguntam por que não vêem as coisas de cabeça para baixo; afinal, as imagens retinianas invertem os objetos vistos. O que raramente se menciona é que o que realmente se vê é a imagem retiniana.

John garantiu que não foi o programa de televisão que ele viu na escola que lhe provocou aquele problema, que ele já o tinha antes de ver o programa. Ele certamente tinha vontade e condições de pensar na reinversão da imagem retiniana em uma etapa posterior da visão. Segundo ele, seu problema era descobrir como as imagens dos dois olhos se fundiam.

Teóricos medievais da visão, como Alhazen e Roger Bacon, supunham que, através do nervo óptico, as imagens iam de cada olho até o quiasma, onde os dois nervos se cruzam e onde, supunham Alhazen e Bacon, as duas imagens tornam-se uma só. O que levou a essa teoria foi a inquietação com o fato de não vermos em duplicidade, apesar de captarmos duas imagens, uma por cada olho. É uma resposta ao problema de John[5].

Nas brilhantes *Paralipomena ad vitellionem*, Johannes Kepler rejeitou terminantemente essa explicação medieval da visão. Para ele, isso era opticamente impossível. Explicou que a luz não se comporta da maneira como a teoria medieval requer. Kepler promoveu grandes avanços na explicação da óptica da visão, mas pagou um preço alto. Re-

---

5. Ver Gareth Matthews, "A Medieval Theory of Vision", em *Studies in Perception*, org. P. K. Machamer e R. G. Turnbull (Columbus: Ohio State University Press, 1978), pp. 186-99.

nunciou a toda ambição de explicar o que acontece depois de a imagem formar-se na retina para que a pessoa realmente enxergue as coisas.

John queria explicar como enxergamos supondo que de alguma maneira projetamos na nossa frente as imagens visuais. Se pensarmos nas imagens como projeções desse tipo, mais ou menos como a imagem numa tela de cinema, não explicaremos nada, porque vamos querer saber como as imagens projetadas podem ser *vistas*. Será que isso não exige a visão, que é exatamente aquilo de que partimos para dar a explicação? Se, porém, pensarmos o ato de ver como uma projeção dirigida para a frente, poderíamos chegar a uma explicação que não retrocedesse. Mas a explicação não será boa se não tivermos clareza quanto à noção de projeção que ela utiliza.

Será a dúvida de John um pseudoproblema? Suponhamos que sim. Talvez um dia John tenha conhecimentos suficientes de óptica, neurofisiologia e psicologia da visão para não ficar mais intrigado com o fato de normalmente não vermos dobrado. Se esse dia chegar, pode ser que ele queira saber por que um dia se enganou pensando que o problema era real. Espero que ele queira. Tentar explicar por que algo que nos intrigou era apenas um pseudoproblema é sempre, por si só, uma atividade filosófica complicada. Mas também pode ser recompensadora.

2. Jogo

A FILOSOFIA pode sem dúvida ser motivada pela admiração. Mas comprovar isso e parar por aí é o mesmo que sugerir, muito erroneamente, que filosofia é inevitavelmente uma coisa séria demais. Na verdade, geralmente é um jogo, um jogo conceitual.

No meu curso sobre filosofia e a criança pequena, peço aos alunos que façam um pouco de "trabalho de laboratório". Eles devem ler uma história para crianças pequenas e depois, sem pressionar muito, debater com as crianças quaisquer questões filosóficas que a história possa sugerir. A irmã de David, aquela criança que estava confusa quanto à maçã ter vida ou não, leu parte de *Winnie-the-Pooh*, de A. A. Milne, para um grupo de crianças de seis a sete anos do Smith College Campus School. Ela teve a boa idéia de anotar cada ponto da história em que as crianças riam e, depois, voltar a esses pontos e perguntar-lhes sobre eles.

Uma passagem que fez as crianças rirem foi aquela em que se dizia que o avô de Leitão tinha dois nomes "para o caso de perder um"[1]. Minha aluna perguntou às crian-

---

1. A. A. Milne, *Winnie-the-Pooh* (Londres: Methuen, 1926). [Edição brasileira: *Winnie Puff*, São Paulo, Martins Fontes, 1994, p. 31.]

ças se elas tinham dois nomes e se o motivo de terem mais de um era para o caso de perderem o outro.

"Não, a gente não pode perder o nome", disseram todas. Todas, quer dizer, exceto Adam.

"E se você esquecesse o nome?", perguntou Adam, insinuando que um modo de perder o nome seria esquecê-lo.

"Bom, aí", respondeu Jennifer, aparentemente bastante incomodada com a idéia de Adam, "você poderia perguntar ao seu irmão".

Adam não estava satisfeito. "Mas, e se *ele* tivesse esquecido?", persistiu Adam, com ar travesso.

"Bom, aí..." – e Jennifer emudeceu.

Em seu caderno de anotações, minha aluna comentou: "A mente dessa criança [Adam] abriu-se para um leque de possibilidades lúdicas – filosofia infantil –; questionar parecia proporcionar-lhe muito *prazer.*"

O LIVRO *Intellectual Growth in Young Children*, de Susan Isaacs, contém vários exemplos de jogos conceituais. Em um trecho, Denis reflete sobre a relatividade da oposição entre estar na frente e estar atrás.

> O pai de DENIS [quatro anos e seis meses] escutou quando ele explicava a James que "uma coisa pode estar na frente e atrás ao mesmo tempo". O pai perguntou: "Como? O que você quer dizer?" (...) Eles estavam perto de uma mesa, e Denis disse: "Bem, suponha que déssemos voltas na mesa – uma hora você está na frente e eu atrás, e depois eu na frente e você atrás."[2]

Suponhamos que Denis e James estejam correndo um atrás do outro à volta da mesa. Suponhamos que Denis es-

---

2. Susan Isaacs, *Intellectual Growth in Young Children* (Londres: Routledge & Kegan Paul, 1930), p. 355.

teja, por assim dizer, no ponto de três horas na mesa e James no de nove horas e que eles estejam correndo no sentido horário. Então, se a meta é doze horas, James está na frente e Denis atrás. Se, no entanto, a meta for seis horas, Denis está na frente e James, atrás. É este o tipo de questão que o pai de Denis presumiu que ele estava apresentando: "Ficou claro pela sua gesticulação que, embora ele não conseguisse exprimir direito o que pensava, ele queria dizer 'na frente' e 'atrás' com relação a um ponto de partida determinado em um círculo."[3]

Contudo, talvez a idéia de Denis seja um pouquinho diferente. Suponhamos que Denis e James estejam correndo um atrás do outro à volta da mesa. E suponhamos que eles estejam em lados contrários e tentando um alcançar o outro. Denis, de seu ponto de vista, está atrás e James está na frente; mas James, de seu ponto de vista, está atrás e Denis está na frente. Em outras palavras, se estiver tentando alcançar James, Denis está atrás, mas, se estiver tentando fugir de James, está na frente.

Aristóteles foi o primeiro a estudar com seriedade a lógica dos termos relativos (*Categorias*, cap. 7), embora problemas envolvendo esses termos tenham desempenhado um papel importante no pensamento de Platão[4]. Embora os avanços da lógica durante os séculos XIX e XX tenham nos dado condições bem melhores de entender os enigmas que os termos relativos provocam, nada tiraram do prazer que podemos ter em explorar ludicamente suas complexidades.

---

3. *Ibid.*
4. Veja G. E. L. Owen, "A Proof in the Peri Ideon", em *Studies in Plato's "Metaphysics"*, org. R. E. Allen (Londres: Routledge & Kegan Paul, 1965), pp. 293-312.

OITO MESES antes Denis refletia sobre outras questões de grande interesse para a lógica e a metafísica:

> NA HORA do chá, Denis [três anos e dez meses] disse: "O pão já tem manteiga, não tem? Então se a gente quiser pão sem manteiga não pode, não é? – só se a gente raspar ele co'a faca ... e, se a gente quiser o pão sem manteiga e não quiser raspar ele co'a faca, a gente tem de comer com manteiga, não é?"[5]

Embora Denis esteja explorando as noções modais de possibilidade e necessidade, que são fundamentais para o ramo da lógica chamado "lógica modal", essa anedota talvez seja mais pré-filosófica que filosófica. Na verdade não coloca um problema filosófico, e menos ainda tenta solucioná-lo. Mas incorpora o tipo de jogo com conceitos que alimentam a filosofia.

DEPOIS DE LERMOS as reflexões de Denis, aos três anos e dez meses, sobre as possibilidades e necessidades relativas ao pão com manteiga, não surpreende que aos seis anos de idade ele seja capaz de fazer afirmações com um teor filosófico mais claro:

> UMA DISCUSSÃO sobre chegar "cedo" ou "tarde" à escola surgiu à mesa, no café da manhã. James estava resmungando com sua mãe sobre "a confusão que todo mundo arma com esse negócio de acordar cedo e essas coisas". Denis [seis anos e um mês], com sua típica fala lenta mas raciocínio profundo, disse: "Cedo e tarde *não são* coisas. Não são coisas como mesas, cadeiras e xícaras – coisas a gente pode modelar!"[6]

---

5. Isaacs, *Intellectual Growth*, p. 151.
6. *Ibid.*, p. 357.

JOGO

A noção de Denis de "coisas como mesas, cadeiras e xícaras – coisas a gente pode modelar" parece ser o que muitos filósofos chamariam de noção de um objeto concreto ou material. Mesas, cadeiras e xícaras são objetos concretos; cedo e tarde não são.

Claro que "coisas", expressão usada por James, não significa "objetos concretos". Sem dúvida Denis percebeu isso. Mas queria fingir o contrário. Ao agir assim, pôde fazer uma brincadeira que suscita interessantes questões conceituais, ou filosóficas.

Essa distorção intencional do emprego das palavras é uma espécie de jogo de palavras que os retóricos costumavam chamar de "asteísmo". Pode-se encontrar um bom exemplo disso no ato 2, cena 1, de *Love's Labours Lost* [Penas de amor perdidas], de Shakespeare:

Longaville: Desejo o nome dela.
Boyet: Ela só tem um para si mesma; cobiçá-lo seria vergonhoso.

Um exemplo filosófico de asteísmo ainda mais evidente é dado por um dramaturgo contemporâneo, Tom Stoppard:

Rosencrantz: Poderíamos estar mortos. Você acha que a Morte poderia ser um barco?
Guildenstern: Não, não, não ... A Morte é ... Não a Morte não é. Entenda o que quero dizer. A Morte é a negação última. O não-ser. Não se pode não ser estando num barco.
Rosencrantz: Muitas vezes eu não fui num barco.
Guildenstern: Não, não, não – o que você não foi não está em barcos[7].

---

7. Tom Stoppard, *Rosencrantz and Guildenstern Are Dead* (Londres: Faber & Faber, 1968), p. 78.

Guildenstern pega a frase elaborada de Rosencrantz, "Muitas vezes eu não fui num barco", e a interpreta com uma declaração sobre o não-ser, a não-existência, sobre, por assim dizer, passar uma não-existência em barcos. Esse asteísmo remete, assim, à noção filosófica do não-ser.

O asteísmo é peculiar dos filósofos. Isso não surpreende. Tomar o emprego das palavras com outro sentido sempre ajuda a esclarecer a lógica de uma classe de expressões e dos conceitos que elas expressam.

A brincadeira de Denis sobre "coisas" ressalta uma questão importante. Às vezes usamos "coisa" querendo dizer "objeto concreto ou material". Assim, é bom repetir, embora uma xícara seja uma coisa, seu formato não é uma coisa, nem sua cor. Porém, outras vezes usamos "coisa" em sentido amplo: seja qual for o assunto, ele pode ser tido como uma coisa. Já que podemos falar de formatos e cores (como "o formato daquela xícara é bonito, mas a cor não"), podemos dizer sem errar que existem coisas como formatos e cores.

O comentário de Denis permite várias interpretações. Segundo uma delas, ele nega que cedo e tarde sejam coisas e simplesmente menciona mesas, cadeiras e xícaras como exemplos de coisas. Segundo outra interpretação, ele primeiro diz que cedo e tarde não são coisas e depois, pensando melhor, especifica sua afirmação ao declarar que cedo e tarde não são coisas do tipo que "a gente pode modelar", talvez coisas que pertençam ao que Aristóteles denomina a categoria da substância (cujos principais exemplos seriam certos objetos concretos).

As coisas de outros tipos ou categorias seriam realmente coisas? Por exemplo, será que qualidades, momentos, lugares, acontecimentos, estados de espírito ou relações entre coisas são realmente coisas? Agostinho tratou dessa ques-

JOGO

tão enigmática ao escrever sobre o roubo de peras quando era jovem:

> Amei naquilo o próprio roubo e nada mais, embora não possa de coração referir-me a isso como a uma coisa digna de amor; só me sentia mais miserável por isso ... Terá sido naquela época que eu também desfrutei da companhia daqueles que cometeram o crime comigo? Se foi, havia ainda outra coisa que eu amava além do ato de roubar; mas não posso chamá-la de outra coisa, porque o companheirismo, como o roubo, não é uma coisa. (*Confessions* [trad. R. S. Pine-Coffin] 2.8)

O comentário espirituoso de Denis pode levar-nos a tentar definir "coisidade", a elucidar a ambigüidade da palavra "coisa", ou a elaborar, talvez no estilo de Aristóteles, uma doutrina de diversas categorias de coisas. Mas pode também não levar a nada. Trata-se de uma afirmação filosófica espirituosa que pode ser apreciada por si só.

OUTRA personagem irrepreensível do livro de Isaacs é Ursula.

> URSULA [três anos e quatro meses]: "Estou com dor de barriga". A mãe: "Vá se deitar e dormir que a dor vai embora". Ursula: "Para onde ela vai?"[8]

Não posso garantir que Ursula tinha um brilho nos olhos quando perguntou: "Para onde ela vai?" Talvez ela estivesse em dúvida, ou até preocupada ("Vai para o guarda-roupa?" "Vai para baixo da minha cama?" "Se for para o guarda-roupa, será que ela vai sair quando eu estiver dor-

---

8. Isaacs, *Intellectual Growth*, p. 359.

mindo?"). Sem dúvida as crianças se inquietam com questões assim. Mas, como o tipo de anedotas presentes no livro de Isaacs indica que Ursula estava feliz, confiante, curiosa e bem-humorada, imagino que a pergunta tenha sido para fazer graça.

Feita espirituosamente, essa pergunta é um convite instigante para pensar sobre dores e sobre o que é ir embora – ou melhor, pensar sobre as várias maneiras como as coisas vão embora. Precisamos primeiro relacionar algumas das muitas coisas que vão embora, por exemplo, a vovó, o cachorro de Ursula, a mancha no vestido dela, uma poça de água, um rangido no triciclo de Ursula.

A vovó e o cachorro de Ursula vão embora indo para outro lugar. A vovó vai para casa; o cachorro sai de casa. Ambos podem voltar, vindos do lugar para o qual tinham ido. Claro, se a avó de Ursula ou o cachorro dela morrer, pode ser que digam a Ursula que a vovó ou o cachorro "foram embora". Se a criança perguntar "para onde?", talvez lhe digam "para o céu". Mas, nesse caso, talvez lhe digam que a pessoa ou o animal não podem voltar para o lugar onde *nós* estamos.

Uma poça de água vai embora indo para outro lugar? Não é bem assim. As gotas de água evaporam para o céu, mas a poça não se muda para o céu.

Uma mancha no vestido de Ursula, digamos, de um pouquinho de geléia do café da manhã, pode ir embora quando o vestido é lavado. Contudo, ela não vai embora indo para outro lugar. Será que partes dela vão para outro lugar? Talvez tudo desapareça ao mesmo tempo.

O mais interessante, acho eu, é o rangido do triciclo de Ursula. Ele pode ir embora se a roda for lubrificada. Claro que não vai para outro lugar, mas mesmo assim pode voltar. Se, digamos, a roda ficar úmida de novo por causa de um temporal, o rangido (exatamente o mesmo!) pode voltar. Para voltar ele não precisa, no entanto, vir de um esconderijo; basta que a roda comece a ranger de novo do mesmo modo e no mesmo lugar.

Dessas várias coisas que às vezes vão embora, os rangidos são os que mais se parecem com as dores. Há, é claro, grandes diferenças entre dores e rangidos. Mas, da mesma forma que o rangido vai embora quando a roda pára de ranger, a dor vai embora quando a barriga pára de doer. Ainda que ambos possam voltar, nenhum dos dois volta retornando de outro lugar.

A pergunta de Ursula – "Para onde ela vai?" – é um convite para a reflexão filosófica. Pode-se aceitar ou não o convite, como se quiser. Além do mais, pode-se apreciar o lado espirituoso da pergunta sem refletir sobre ela.

> URSULA [três anos e cinco meses] está sempre dando sugestões, geralmente absurdas, sobre várias coisas: "Isso *poderia* servir para tal e tal coisa, não poderia?", e, quando a mãe lhe diz, "Sim, mas...", ela continua insistindo: "Mas poderia, não poderia?"[9]

Infelizmente, Isaacs não dá mais exemplos. Então eu inventei estes, no espírito de Ursula:

Criança: Aquilo [uma mesa] poderia servir para sentar, não poderia?
Adulto: Sim, mas na verdade serve para escrever.
Criança: Mas poderia, não poderia?
Criança: Aquilo [uma liga] poderia servir para segurar as tampas nas garrafas, não poderia?
Adulto: Sim, mas na verdade serve para segurar as meias esticadas.
Criança: Mas poderia, não poderia?

---

9. *Ibid.*, p. 360.

O jogo tem um interesse considerável para a filosofia. Há uma propensão natural, bastante arraigada na filosofia de Platão e de Aristóteles, de compreender a natureza de uma coisa reportando-se à finalidade que ela tem ou poderia ter. Essa propensão vem muito a calhar quando nos referimos a artefatos.

Por exemplo, meu carro tem um compartimento com um formato esquisito entre os dois bancos dianteiros. O próprio compartimento tem uma tampa de forma esquisita com alguma serventia, mas eu não imagino qual. Eu não sei o que é esse compartimento; e não saber o que ele é é o mesmo que não saber para que serve.

Quando a tendência de relacionar a natureza de uma coisa com a finalidade que ela deve ter é transposta para o mundo natural, surgem as hesitações. Podemos concordar que o olho sirva para enxergar e as veias para fazer o sangue voltar ao coração. Mas a laringe serve para falar? O nariz serve para sustentar os óculos? As abelhas servem para polinizar as flores? As árvores servem para dar sombra ou para evitar a erosão? Os rios servem para drenar o excesso de água da terra e levá-la ao mar, onde parte dela se evapora e dá prosseguimento ao ciclo da água?

Dizer quais descrições de finalidade das coisas são corretas e por que é uma questão filosófica complexa e de grande interesse. Mas há mais do que isso na brincadeirinha de Ursula. Presume-se que Ursula saiba que alguns dos usos que ela propõe sejam forçados. Ao insistir em "mas *poderia* servir para tal e tal coisa, não poderia?", ela está insinuando que há algo impreciso, até mesmo convencional, no que dizemos sobre a serventia das coisas. Se a finalidade das coisas é até certo ponto imprecisa e convencional, então talvez a natureza das coisas também o seja. A reflexão é tão intrigante para uns quanto incômoda para outros. O jogo de Ursula nos estimula a alimentá-la.

JOGO

É BOM DAR outro exemplo para desenvolver a idéia de que a filosofia pode ser um divertimento. Suponhamos que eu tente usar com meu filho, como fiz quando ele tinha oito anos, o truísmo "não se pode estar em dois lugares ao mesmo tempo". E suponhamos que ele responda, como respondeu: "Pode sim. Você pode estar no quarto e na casa ao mesmo tempo." "Mas eu não queria dizer isso!", respondo, num misto de altivez e desagrado. "Então o que você *quis* dizer?", pergunta ele, com um sorriso maroto.

O jogo é tentar dar um sentido ao truísmo que o faça mostrar-se verdadeiro. Se eu dissesse: "Eu quis dizer dois lugares que não estejam um dentro do outro", ele poderia dizer: "Bom, o quarto não fica no corredor, e o corredor não fica no quarto, mas você pode colocar um pé em cada lugar e estar nos dois ao mesmo tempo". Então eu responderia: "Eu quis dizer *inteiramente* em dois lugares que não estejam um dentro do outro."

Nesse ponto poderíamos começar a falar de lugares que coincidem em parte, como a cozinha e o canto do café da manhã. Ou John poderia apresentar contra-exemplos contrários que usam "em" de um jeito especial. Quando, por exemplo, o presidente fala na televisão, as pessoas dizem que ele está "em" inúmeros lares dos Estados Unidos.

Outros contra-exemplos poderiam ressaltar fatos inusitados da geografia. Recentemente, quando dei o curso "A filosofia e a criança pequena" na Universidade de Calgary, um dos alunos apresentou um caso interessante de uma cidade, Lloydminster, que fica exatamente na fronteira entre Alberta e Saskatchewan. Se eu estivesse em Lloydminster, eu estaria em duas províncias ao mesmo tempo? Para responder a essa pergunta, é preciso saber se toda Lloydminster está em ambas as províncias ou se a fronteira corta a cidade. Disseram-me que esta última alternativa é a correta. Claro, poderia ser do outro jeito. Para que o truísmo "Não se pode estar em dois lugares ao mesmo tempo" seja verdadeiro para todos os contra-exemplos concebíveis, ele tem de ser interpretado de um modo que leve em consideração a possibilidade de toda Lloydminster estar tanto em Alberta quanto em Saskatchewan.

BOA PARTE do que nós, adultos, dizemos às crianças é na melhor das hipóteses altamente questionável e merece ser contestado. Mesmo assim nós, adultos, geralmente refutamos a contestação das crianças com um irritado "ah, você sabe o que eu quis dizer!" Essa reação zangada pode ser intimidante, descabida e desestimulante demais! Se ao menos parássemos para refletir com seriedade e franqueza, ficaria claro que quase sempre não podemos afirmar que o que queremos dizer é óbvio.

Pode ser gostoso praticar o jogo filosófico de tentar saber o que alguém quis dizer, poderia querer dizer ou deveria querer dizer ao falar de alguma coisa sem pensar. Pode também ser revelador. A lógica da contenção, a metafísica do espaço ou até a geografia do Canadá podem tornar-se mais claras. Os pais e os professores que sempre se recusam a participar desse jogo com as crianças empobrecem a sua própria vida intelectual, limitam o relacionamento com as crianças e desencorajam nas crianças o espírito espontâneo de indagação intelectual.

OUTRO CASO de *Intellectual Growth in Young Children*, de Isaacs, fornece uma conclusão adequada para este capítulo. Dan usa um argumento clássico para o caráter incriado do universo. Há um clima extraordinariamente cativante em toda a situação até o último comentário, que é não só espirituoso como profundo:

JOGO

NO ALMOÇO, as crianças conversaram sobre "o começo do mundo". Fosse o que se dissesse sobre "o começo", Dan [seis anos e um mês] insistia que devia ter havido "alguma coisa antes disso". Ele disse: "Sabe, a gente pode dizer que primeiro havia uma pedra e que tudo veio dela... mas" (muito enfático) "*de onde veio a pedra?*" Havia duas ou três variações desse tema. Então Jane [onze anos], do alto de seu conhecimento mais avançado, disse: "Olha, eu li que a Terra era um pedaço do Sol e que a Lua era um pedaço da Terra". Dan, com um ar de quem rebate uma falácia com unhas e dentes: "Ah! Mas de onde veio *o Sol?*" Tommy [cinco anos e quatro meses], que tinha ouvido tudo isso em silêncio, disse com um sorriso disfarçado: "Eu sei de onde o Sol veio!" Os outros disseram ansiosamente: "*Sabe* mesmo, Tommy? De onde? Diga para nós". Ele abriu o sorriso e disse: "Não digo!", para grande alegria dos outros, que gostaram bastante da piada.[10]

---

10. *Ibid.*, p. 155.

3. Raciocínio

VAMOS VOLTAR a Tim e ao problema do sonho. O caso por inteiro é o seguinte:

> TIM (cerca de seis anos), muito entretido lambendo um pote, perguntou: "Papai, como é que a gente pode ter certeza de que tudo não é um sonho?" Um pouco desnorteado, o pai disse que não sabia e perguntou a Tim o que ele achava. Depois de dar mais algumas lambidas no pote, Tim respondeu: "Bom, eu não acho que tudo seja um sonho, porque num sonho a gente não sai por aí perguntando se é um sonho".

Em seu clássico *The Problems of Philosophy*, Bertrand Russell diz o seguinte sobre a questão de Tim:

> Não há qualquer impossibilidade lógica na suposição de que toda a vida é um sonho, no qual criamos todos os objetos que nos cercam. No entanto, embora isso não seja logicamente impossível, não há razão alguma para supor que seja verdade; com efeito, como forma de explicar os fatos da nossa vida, esta é uma hipótese menos elementar, do que a hipótese habitual de que realmente existem objetos independentemente de nós, cuja ação sobre nós ocasiona nossas sensações.[1]

---

1. Russell, *The Problems of Philosophy*, pp. 22-3.

O problema de Tim é diferente daquele que indaga como eu posso saber se estou ou não estou sonhando agora. Este último problema, da maneira como geralmente é formulado, pressupõe que sem dúvida há momentos em que estamos acordados e momentos em que estamos sonhando. A pergunta é: "Como eu sei se estou acordado agora ou sonhando agora?"

Descartes apresenta esse segundo problema numa passagem freqüentemente citada de suas *Meditações*. Ele começa dizendo que racionalmente não pode duvidar de que está "aqui, sentado perto da lareira, vestindo um roupão, segurando este papel na mão". Mas ele se lembra de que costuma sonhar que está "aqui, de roupão, sentado perto da lareira, embora na verdade esteja deitado na cama!" Descartes comenta a seguir: "Quando reflito sobre essas questões atentamente, percebo com tanta clareza que não há indícios conclusivos que distingam a vida desperta do sono que fico abismado, e meu desnorteamento é tal que quase me convence de que estou dormindo."[2]

Não há dúvida de que, no raciocínio de Descartes, o segundo problema sobre o sonho está intimamente relacionado com o problema de Tim. A relação parece estar nesta afirmação: se não existe nenhum momento em que eu esteja certo de estar acordado, então, pelo que eu saiba, pode ser que eu faça a distinção entre vida desperta e sono em sonho, e, portanto, ela pode ser tão espúria quanto as outras ilusões dos meus sonhos.

Pouco antes de pronunciar seu famoso *cogito, ergo sum* ("Penso, logo existo"), Descartes refere-se ao problema de Tim. No entanto, em vez de apresentar de imediato

---

2. René Descartes, *Meditations on First Philosophy* (Indianápolis: Bobbs-Merrill, 1960), pp. 18-9.

uma solução (que apresenta em outros lugares, por exemplo, na *Sexta Meditação*), Descartes declara, numa das mais famosas passagens da filosofia, que, mesmo que toda a vida não seja mais real que um sonho, ele ainda assim pode ter certeza da sua própria existência:

> Já que os mesmos objetos que percebemos quando acordados podem aparecer-nos quando estamos dormindo sem ser verdadeiros, resolvi supor que nada do que tenha entrado em minha mente era mais real que as ilusões de meus sonhos. Mas logo percebi que, ao mesmo tempo que eu desejava ver tudo como falso, era necessariamente verdade que eu, que assim pensava, era alguma coisa. Como essa verdade, *penso, logo existo*, era tão firme e certa que todas as suposições mais extravagantes dos céticos eram incapazes de abalá-la, julguei que poderia aceitá-la seguramente como o primeiro princípio da filosofia que eu buscava.[3]

A solução de Tim para o seu problema sobre o sonho é boa? Não há dúvida alguma de que sua solução é no mínimo ponderada. Eis o raciocínio:

(1) Se tudo fosse sonho, as pessoas não sairiam por aí perguntando se era um sonho.
(2) As pessoas saem por aí perguntando se é um sonho.
Logo:
(3) Nem tudo é sonho.

Esse raciocínio certamente é válido. Quer dizer, a veracidade das premissas certamente garante a veracidade da conclusão. Para que o raciocínio seja uma solução boa para

---

3. René Descartes, *Discourse on Method* (Indianápolis: Bobbs-Merrill, 1956), p. 21.

o problema de Tim sobre o sonho é necessário termos razões para considerar as premissas verdadeiras. Isso pode não ser óbvio.

Não seria possível ter um sonho em que nos perguntemos se estamos sonhando? Não vejo por que não. Santo Agostinho conta um sonho em que ele tentou convencer um homem de que esse homem era apenas produto do sonho (*De genesi ad litteram* 12.2.3). O sonho de Santo Agostinho talvez lembre uma das passagens de *Alice no País dos Espelhos*, de Lewis Carroll:

> "[O Rei Vermelho está] sonhando agora", disse Tweedledee: "e com o que você acha que ele está sonhando?"
> Alice disse: "Ninguém adivinharia."
> "Ora, com *você*!", exclamou Tweedledee, batendo palmas de contentamento. "E se ele parasse de sonhar com você, onde você acha que você estaria?"
> "Onde estou agora, é claro", disse Alice.
> "Não mesmo!", respondeu Tweedledee com desdém. "Você não estaria em lugar algum. Ora, você não passa de uma coisinha no sonho dele!"
> "Se aquele Rei ali acordasse", acrescentou Tweedledum, "você apagaria – puf! – como uma vela!"
> "Eu não!", exclamou Alice, indignada. "Além do mais, se *eu* sou só uma coisinha no sonho dele, eu gostaria de saber o que *você* é."
> "Idem", disse Tweedledum.
> "Idem, ibidem", gritou Tweedledee.[4]

Talvez as pessoas que fazem perguntas nos sonhos não estejam realmente perguntando nada, da mesma maneira que, por exemplo, Tweedledum afirma que Alice, por es-

---

4. Carroll, *Alice's Adventures in Wonderland*, p. 165.

tar num sonho, não chora lágrimas de verdade. A idéia de que fazer perguntas em um sonho não é o mesmo que fazer perguntas parece estar implícita em (1) da solução de Tim. Mas, se lermos a última parte de (1) com uma ênfase tal que exija perguntas "reais", precisaremos ler (2) de maneira parecida. E como é que Tim sabe se alguém está perguntando algo na realidade e não num sonho?

Apesar disso, não quero exigir demais da solução de Tim. Ela poderia ser desenvolvida numa linha de raciocínio sofisticada[5]. Seja como for, nem a solução de Descartes nem a de Russell são inteiramente satisfatórias.

O importante neste contexto é que Tim formulou um problema filosófico conhecido e, ao tentar solucioná-lo, deu-nos um bom exemplo de raciocínio filosófico em crianças pequenas.

> SURGIU UMA QUESTÃO de fato entre James e seu pai, e James disse: "Eu *sei* que é!" E o pai retrucou: "Mas talvez você esteja errado!" Denis [quatro anos e sete meses] entrou na conversa, dizendo: "Mas, se ele sabe, não pode estar errado! Às vezes a gente *pensa* errado, mas se a gente *sabe* está sempre certo!"[6]

Parece que Denis está provocando o pai invocando uma certa análise do conhecimento, quer dizer, invocando a

---

5. O raciocínio de Norman Malcolm em *Dreaming* (Londres: Routledge & Kegan Paul, 1959) tem grande semelhança com o de Tim, embora, é claro, seja muito mais elaborado: "Quando a frase 'estou acordado' é usada para fazer uma afirmação, não existe nenhuma outra afirmação que constitua uma negação adequada. Não há opção entre duas coisas: estou acordado e não estou acordado. Não há o que escolher, não há opção, não há o que descobrir" (p. 118). Se "não há o que descobrir", não pode haver uma pergunta real sobre estar ou não estar sonhando. A resposta de Malcolm para o problema do sonho parece, assim, ser uma prima rica da de Tim.

6. Isaacs, *Intellectual Growth*, p. 355.

noção do que significa exatamente a afirmação de saber algo (digamos, P). Talvez seja esta a análise a que ele se reporta:

>(4) X sabe que P se e somente se X pensar que P e se X não puder estar enganado sobre se P.

Dessa análise podemos inferir que

>(5) Se James sabe que P, então James não pode estar enganado sobre se P.

O pai de Denis não nega que

>(6) James sabe que P.

Mas diz que

>(7) James pode estar enganado (sobre se P).

Denis pega a afirmação de James – "Eu *sei* que é" –, que corresponde a (6), e, na verdade, deduz daí e de (5) o contraditório de (7), especificamente:

>(8) James não pode estar enganado (sobre se P).

Esta, pelo menos, é uma reconstituição plausível do que ocorreu naquele caso[7].

Platão, um dos primeiros filósofos a elaborar uma análise do conhecimento, apresenta-nos várias[8]. Segundo a da

---

7. Outra reconstituição plausível seria Denis raciocinar de
    (a) Se a gente sabe está sempre certo
e (6) para
    (b) James está certo (quer dizer, não está enganado sobre se P).
Esta reconstituição talvez se baseie numa análise do conhecimento mais fraca do que aquela que o texto exige. Para (a) a idéia de que o conhecimento é uma convicção real é suficiente, enquanto (4) exige infalibilidade.

8. No diálogo "Teeteto", Platão discorre sobre três diferentes análises do conhecimento: (*a*) conhecimento é percepção; (*b*) conhecimento é convicção real; e (*c*) conhecimento é convicção real com uma explicação ou justificação, ou seja, o conhecimento é uma convicção real justificada.

República, saber é apreender de tal modo que não se possa estar enganado a respeito do que se acredita ter apreendido (477e). Esta análise aproxima-se de (4).

Tentativas de formular uma análise do conhecimento satisfatória, como as tentativas de abordar o problema do sonho, pertencem ao campo da epistemologia, a teoria do conhecimento. A brincadeira de Denis, que se utiliza de uma análise do conhecimento conhecida, pode ser considerada uma brincadeira epistemológica. Ao passar de (5) e (6) para (8), o comentário de Denis também faz uso do raciocínio.

> IAN (seis anos) ficou amolado ao descobrir que os três filhos dos amigos de seus pais monopolizavam a televisão; eles não o deixavam assistir ao seu programa favorito. "Mãe", perguntou ele, frustrado, "por que é melhor três pessoas serem egoístas do que uma só?"

Como sempre acontece quando as crianças fazem perguntas interessantes, a mãe percebeu que não sabia como responder a questão do filho. Ela enfurnou a pergunta em algum canto da memória. Anos depois, quando eu lhe contava sobre o meu interesse pelo raciocínio filosófico de crianças pequenas, ela se lembrou daquele caso e perguntou se era do tipo que eu queria.

Com certeza era, de um modo todo próprio. Ian, ao contrário de Tim, não está às voltas com uma dúvida filosófica. Sua pergunta, como o comentário de Denis para o pai, é um tanto marota. Ao contrário de Denis, porém; Ian apresentou sua questão marota para atingir um fim prático: ele queria ver seu programa de televisão favorito.

É quase certo que Ian conhecia o raciocínio segundo o qual determinada atitude, prática ou acerto entre pessoas justifica-se pela reivindicação de que tal atitude, prática ou acerto provocaria uma felicidade maior. Em ética, as justificativas que recorrem àquilo que aumentaria a felicidade são chamadas de "utilitárias". Nesse contexto, "utilidade" significa (tortuosamente, poderíamos dizer) "felicidade". E o princípio da utilidade é o princípio de que a felicidade deve ser sempre maior.

O princípio da utilidade é suficientemente plausível para concluirmos que é tola uma pergunta como "Por que é melhor três pessoas serem felizes do que uma só?" Ian parece ter se apegado à idéia de que, quando X consegue o que quer em detrimento de Y, X pode estar "sendo egoísta". Quando três pessoas conseguem o que querem – neste caso, a possibilidade de assistir ao programa de TV favorito – em detrimento daquilo que outra pessoa quer, é possível que essas três pessoas estejam sendo egoístas. Assim, exatamente a mesma situação que se justifica pelo argumento de que ela aumenta a felicidade poderia também ser condenada pelo argumento de que ela aumenta o egoísmo.

Para sermos imparciais nesse caso e com as pessoas nele envolvidas, precisaríamos, é claro, dispor de mais detalhes. Será que as crianças visitantes perceberam que ao ver seu programa favorito estavam impedindo Ian de ver o dele? Se não perceberam, talvez não possamos rotulá-las de egoístas. Por outro lado, talvez elas simplesmente não tenham dado atenção à vontade de Ian. Neste caso, elas poderiam ser censuradas por falta de imaginação moral; talvez sejam mais autocentradas e insensíveis do que egoístas. Outra possibilidade é a mãe de Ian ter determinado as coisas de tal modo que seria indelicado as crianças questionarem essas condições, mesmo que elas simpatizassem com Ian.

Sejam quais forem os detalhes da situação real, podemos sem dúvida imaginar um caso em que todos os envolvidos estavam cientes das preferências dos outros e em que os visitantes assistiram felizes ao seu programa favorito, horas a fio, sabendo que ao fazê-lo estavam impedindo Ian de ver o dele. O princípio da utilidade poderia relevar essa situação, até convencer-nos a mantê-la, pois essa seria a melhor forma de agir moralmente. Essa possibilidade parece revelar uma grande falha do utilitarismo como teoria moral.

Claro, não quero dizer que Ian, com seis anos, estivesse conscientemente tentando refutar o utilitarismo como teoria ética. Quero dizer, contudo, que sua engenhosa inversão do raciocínio utilitário aponta para uma crítica muito interessante e importante à teoria.

> UMA GAROTINHA de nove anos perguntou: "Papai, Deus existe mesmo?" O pai respondeu que não se tinha muita certeza, ao que a criança retrucou: "Deve existir sim, porque ele tem nome!"[9]

Jean Piaget introduz essa historieta com o comentário de que "é muito curiosa a incapacidade da criança de dissociar os nomes das coisas"[10]. À primeira vista não parece haver nada de paradoxal na idéia de um nome sem portador, mas uma breve reflexão leva facilmente a um raciocínio que exclui essa possibilidade:

> O nome "Rômulo" não é na verdade um nome, mas uma espécie de descrição truncada. Simboliza uma pessoa que fez tais e tais coisas, matou Remo, fundou Roma e assim por

---

9. Jean Piaget, *The Child's Conception of the World* (Londres: Routledge & Kegan Paul, 1951), p. 67.
10. *Ibid.*, p. 66. [Edição brasileira: *A representação do mundo na criança*. Rio de Janeiro, Record, 1978.]

diante. É uma forma abreviada dessa descrição; se se preferir, é uma abreviatura de "pessoa que se chamava 'Rômulo'". Se fosse realmente um nome, a questão da existência não surgiria, porque um nome precisa denominar alguma coisa, do contrário não é um nome, e se não existe esse Rômulo como pessoa não pode existir um nome para essa pessoa que não existe.[11]

Resumido ao essencial, o raciocínio de Russell aplicado a "Rômulo" é exatamente o reverso do raciocínio da garotinha a respeito de "Deus". O raciocínio de Russell, ou pelo menos parte dele, poderia ser formulado assim:

(11) Se "Rômulo" é um nome, existe um ente chamado "Rômulo". ("Um nome precisa denominar alguma coisa, do contrário não é um nome.")
(12) Não existe um ente chamado "Rômulo".

Logo:

(13) "Rômulo" não é um nome.

O raciocínio da garotinha, com algum polimento, fica assim:

(14) Se "Deus" é um nome, existe um ente chamado "Deus".
(15) "Deus" é um nome.

Logo:

(16) Existe um ente chamado "Deus".

Esses dois raciocínios são válidos; sua forma é correta. A forma do primeiro raciocínio é tradicionalmente chamada de *modus tollens*; a do segundo, *modus ponens*. A pos-

---

11. Bertrand Russell, "The Philosophy of Logical Atomism", em *Logic and Knowledge*, org. Robert C. Marsh (Nova York: G. P. Putnam's Sons, 1956), p. 243.

sibilidade de os raciocínios nos darem ou não razões suficientes para aceitar suas conclusões depende da condição de suas premissas. O princípio necessário para justificar (11) e (14) é, como se pode perceber, altamente discutível. As questões que envolvem a aceitação ou a rejeição desse princípio levam direto a várias das mais frutíferas e empolgantes elaborações da filosofia do século XX.

Piaget foi indiferente, até insolente, com o raciocínio da garotinha. Não deveria ter sido. Esse raciocínio é tão antigo quanto o filósofo pré-socrático Parmênides (século V a.C.) e tão atual quanto as discussões contemporâneas da chamada "lógica livre", a lógica não-convencional em que nomes "vazios" são aceitos.

> JOHN (sete anos), achando que seu pai estava segurando o violoncelo, largou-o e o instrumento caiu e se quebrou. Cheio de remorsos (ele tinha paixão pelo violoncelo), John foi até sua mãe e a abraçou em silêncio por um bom tempo. Enfim, ele disse: "Eu queria que tudo fosse um filme para a gente poder voltar atrás e fazer tudo de novo". Um instante depois, ele acrescentou: "Claro que aí ia acontecer tudo de novo, porque só existe um filme".

Como vivemos numa cultura livresca, é natural perguntarmos se existe um "livro da vida". Da maneira como o livro da vida é geralmente imaginado, as páginas do futuro estão em branco. Ao viver a vida – fazendo isto, fazendo aquilo, tomando esta decisão, tomando aquela –, cada um escreve seu próprio livro da vida. Poderia, é claro, existir uma versão fatalista dessa idéia do livro da vida, na qual as páginas do futuro já estivessem preenchidas; tudo que acontecerá já está escrito nele.

Devido à nossa cultura cinematográfica atual, talvez seja mais atraente a analogia com um filme. A versão fatalista dessa analogia centra-se no projetor. De acordo com ela, nossa vida e nossas experiências desenrolam-se com a mesma inexorabilidade como um filme passa no cinema. A versão não-fatalista centra-se na câmara. Um dos rolos da câmara, o rolo do futuro, está vazio. Só o rolo que está rodando, o rolo do passado, está cheio.

Naquele caso, John está com certeza intrigado com a analogia cinematográfica. Menos óbvio, porém, é como ele a imagina.

É provável que John tenha visto na televisão seqüências de filmes passadas de trás para a frente; por exemplo, um mergulhador primeiro salta de um trampolim para dentro da água, da forma normal, e depois, como que numa aparente reação à tentação de um refresco anunciado, emerge da água primeiro com os pés e volta para o trampolim, numa inversão precisa de sua trajetória anterior. John sempre teve curiosidade por efeitos especiais como esse (gostava de fazer truques de mágica); ele certamente sabia que aquele filme podia ser invertido para produzir tal ilusão e depois passado de novo da forma normal.

Um exemplo ainda melhor é a repetição na televisão de uma jogada decisiva numa partida de futebol americano ou de beisebol. Mais uma vez, isso é uma coisa familiar para John. Devido ao milagre do videoteipe, podemos ver uma jogada decisiva quantas vezes quisermos para observar em detalhe o que aconteceu naquele exato instante.

Se a vida fosse como um filme, talvez John pudesse voltá-la para trás até o momento anterior à queda e à quebra do violoncelo e, como ele disse, "fazer tudo de novo". Depois de refletir um pouco mais, John percebeu que a possibilidade de passá-la de novo seria bastante aflitiva. (Na verdade, passar uma segunda vez o filme da vida seria angustiante, a menos que houvesse um observador externo que se lembrasse de ter visto tudo aquilo antes.)

Talvez John estivesse prestes a concluir que a vida é como um filme em exibição: tudo o que vai acontecer já está gravado. Neste caso, ele não poderia modificar um acontecimento revivendo-o, assim como não pode modificar o final de um filme passando-o de novo. Mais do que essa idéia fatalista, no entanto, a idéia de John pode ter sido a de que o filme da vida, depois de exibido, não pode ser apagado. Ou quem sabe John tenha pensado em algo inteiramente diferente dessas duas possibilidades. Talvez o seu raciocínio tenha sido este: suponhamos que voltemos o filme para o instante anterior à queda do violoncelo. Nesse ponto nem John nem eu (eu sou o pai dele) estávamos preocupados com a possibilidade de o instrumento cair. Então, nenhum de nós faria nada para evitar o acidente. Portanto, ele cairia e se quebraria de novo.

Na época desse incidente, eu mesmo tinha ficado abalado demais para analisar a analogia de John. Até hoje não tenho certeza absoluta do que ele quis dizer com a analogia. Mesmo assim, todas as possibilidades que eu possa imaginar são interessantes. E cada uma delas envolve algum raciocínio filosófico.

DEI RECENTEMENTE o curso "A filosofia e a criança" na Harvard Summer School e passei aos alunos o trabalho de laboratório de sempre. Um aluno leu para Michael, então com sete anos, um capítulo das fábulas de Narnia, de C. S. Lewis. Seguiu-se um debate de três horas, que incluiu muitas das mais filosóficas questões imagináveis. Disseram-me que o debate teria sido ainda mais longo se a mãe de Michael não aparecesse para dizer que já tinham passado dos limites.

O debate começou com inquietações sobre o mal e a origem do mal: "O que faz as pessoas serem más?" "As pessoas sempre foram más?", e assim por diante. A conversa acabou girando em torno do universo e suas características e, por fim, se o universo é ou não infinito. Acredito que, antes disso, meu aluno nunca se preocupara seriamente com o fato de o universo ser ou não infinito. Michael sim: "Não gosto de [pensar] em um universo sem fim. Me dá uma sensação esquisita na barriga. Se o universo não acaba nunca, não existe lugar para Deus, que o criou, morar".

Michael mencionou então um artigo que seu pai escrevera sobre modelos finitos de universo. Ele disse que não tinha lido o artigo e nem mesmo queria comentá-lo antes de ler. Ainda assim, sem que seus pais soubessem, como me contaram mais tarde, ele ficou revirando na cabeça o assunto de o universo ser ou não infinito.

"Por que isso é importante?", perguntou meu aluno, obviamente surpreso de descobrir que Michael se preocupava com isso.

"É bom saber que a gente está *aqui*", respondeu Michael. "Não é bom não saber de nada. Eu espero que [o universo] não se amplie cada vez mais. Não gosto dessa idéia de não acabar nunca porque é óbvio que ele não pode estar em nenhum lugar."

Surpreendentemente conciso, esse raciocínio breve contém o que parece ter importado mais para Michael sobre o universo ser ou não infinito. Um universo infinito não pode estar localizado em qualquer lugar, nem pode existir – continuou a refletir Michael – qualquer localização precisa *dentro* de um universo infinito.

Michael expressou seu pensamento sobre o último ponto com uma analogia sobre estar perdido em outro país e não dispor dos meios lingüísticos para se localizar:

É COMO [estar] no Japão e ninguém falar inglês. Sem um mapa e sem dinheiro. Só... um carro... Como estar numa cidade grande e não ter um mapa ... Para se sentir seguro é bom saber onde a gente está.

A mãe de Michael me contou que pouco antes da entrevista a família viajara pela França e que eles realmente se perderam num país cuja língua Michael não falava e do qual nem tinha um mapa. A mãe de Michael percebeu o alívio do filho ao voltar para a Inglaterra. Mas ela não se deu totalmente conta do impacto emocional que a experiência de estar perdido causara no filho. E, é claro, ela não tinha a mínima idéia de que aquela experiência o tinha levado a uma analogia sobre um universo em que não haveria nenhuma localização precisa e, portanto, nenhuma maneira de saber onde se está, a não ser por pontos de referência lamentavelmente relativos.

Aproveitando as afirmações de Michael sobre a insegurança num universo infinito, meu aluno perguntou: "E se não tiver fim? Como podemos sentir segurança? Digamos que a gente está perdido numa cidade chinesa".

"Que não acaba nunca?", Michael perguntou. "Sem mapas? Sem inglês? [A gente] ia ter que tentar não trombar nos carros nem guiar por lá como se estivesse perdido."

"Será que descobrir se o universo tem fim nos diria quem somos e o que somos?", perguntou meu aluno.

"Não", respondeu Michael, "mas isso deixaria a gente mais seguro".

"Como reagimos ao espaço e à morte?", perguntou meu aluno, mais adiante na conversa.

"É mais importante", disse Michael com firmeza, "saber onde a gente está do que saber o que acontece depois da morte. A maioria das pessoas não pensa sobre a morte. É mais importante pensar sobre mapas numa cidade chinesa do que em morrer. Eu preferiria os mapas".

É claro que alguns adultos podem usar um aparato conceitual muito mais elaborado do que o de Michael, que provavelmente inclua a geometria não-euclidiana, para debater se o universo é ou não infinito. Porém, Michael mostrou ter uma compreensão clara de algumas das implicações fundamentais da questão. Às vezes seu raciocínio foi simplesmente estonteante. E sem sombra de dúvida ele teve uma percepção "visceral" da importância de algumas das questões diante das quais, acredito eu, todos nós, adultos ou crianças, somos iguais.

Michael não é um garoto de sete anos comum. Algumas de suas preocupações intelectuais estão sem dúvida relacionadas com o fato de sua mãe trabalhar em ciência da computação e seu pai ser matemático. Além do mais, sua disposição para se abrir com um adulto indica que ele e o que ele tem para dizer costumam ser tratados com respeito.

Embora não seja um garoto inteiramente comum, Michael também não é inteiramente incomum. Na verdade, os indícios que tenho conseguido reunir indicam que para vários jovens da humanidade a reflexão filosófica – que ocasionalmente se compõe de raciocínios sutis e engenhosos – é tão natural quanto compor música e jogar jogos, e é característica do ser humano.

4. Piaget

SEM DÚVIDA alguns leitores estão se perguntando se o que estou tentando demonstrar sobre as crianças e a filosofia já não foi dito pelo grande estudioso suíço do desenvolvimento cognitivo de crianças pequenas, Jean Piaget.

Piaget dedicou sua vida profissional a esse assunto. Algumas de suas obras mais famosas centram-se no estudo dos primeiros progressos da criança no desenvolvimento das faculdades intelectuais[1]. Mas Piaget também se preocupou com o desenvolvimento posterior. Em *A representação do mundo na criança*, apresenta uma relação de questões obviamente filosóficas: "O que é pensar?" "Qual a relação entre a palavra e seu significado?" "O que são os sonhos e onde eles se localizam?" "Que coisas são vivas e que coisas são conscientes?" Ele faz essas perguntas para crianças de cinco a doze anos de idade. Portanto, pode-se

---

1. Jean Piaget, *Play, Dreams, and Imitation in Childhood* (Nova York: W. W. Norton, 1951); *The Origin of Intelligence in Children* (Nova York: International Universities Press, 1952); *The Construction of Reality in the Child* (Nova York: Basic Books, 1954); *Child's Conceptions of the World*. [A formação do símbolo na criança (Imitação, jogo, sonho e representação), Rio de Janeiro, Zahar, 3ª ed., 1978; O nascimento da inteligência na criança, Rio de Janeiro, Zahar, 3ª ed., 1978; A construção do real, Rio de Janeiro, Zahar, 3ª ed., 1979; A representação do mundo na criança, *op. cit.*]

esperar aprender nesse livro alguma coisa sobre a reflexão filosófica de crianças pequenas.

A técnica genérica de Piaget para registrar o desenvolvimento da inteligência é mapear três ou quatro fases de sofisticação gradativa no domínio de um conceito e depois demonstrar que a maioria das crianças de tal e tal idade está na Fase I e que, no momento em que essas mesmas crianças tiverem tal e tal idade, a maioria delas terá atingido a Fase II, e assim por diante.

Esse modelo suscita uma primeira inquietação. Será sensato supor que, em termos de amadurecimento padrão ou normal, as crianças, ou qualquer outra pessoa, farão um progresso bem definido na abordagem de questões genuinamente filosóficas? A resposta parece ser "não". Por vários motivos. Primeiro, porque é notoriamente difícil, alguns diriam impossível, as pessoas concordarem sobre o que é progresso em filosofia. Em segundo lugar, porque o progresso filosófico, avaliado por qualquer medida de comparação plausível, não constitui um progresso padronizado entre pessoas de qualquer grupo etário, seja de cinco a doze anos, de 25 a 65 anos, ou qualquer outro.

Há outro ponto problemático. Piaget pretende corroborar suas afirmações sobre as fases de desenvolvimento por meio da descoberta dos mesmos padrões de resposta em todas as crianças. Essa descoberta seria uma comprovação de que a reflexão das crianças realmente se desenvolve dessa maneira. A resposta incomum é desconsiderada por ser um indicador não confiável das maneiras como as crianças pensam: "Os únicos critérios válidos (...) baseiam-se na multiplicidade de resultados e na comparação das reações individuais."[2] Contudo, é a resposta divergen-

---

2. *Ibid.*, p. 7.

te que costuma ter um interesse maior para a filosofia. A resposta padrão é, em geral, um produto impensado e não-elaborado da socialização, ao passo que a resposta discrepante muito provavelmente é fruto de uma reflexão genuína. Mas Piaget desconsiderava e eliminava a resposta discrepante por razões metodológicas.

Há ainda outro ponto problemático. Piaget tem por objetivo chegar às convicções infantis. Ele distingue respostas e comentários que revelam convicções daqueles que constituem o que ele denomina de "mero romanceamento". Romancear, explica ele, é "inventar uma resposta em que não se acredita realmente ou na qual se acredita simplesmente por tê-la dado". Piaget deixa claro de várias maneiras que ele tem pouco interesse ou apreço pelo romanceamento. "Seria bom poder proibir o romanceamento", diz ele a sério, "com a mesma severidade que [a resposta dada simplesmente para agradar a quem pergunta]"[3]. (Neste ponto, a silhueta delicada do afável psicólogo suíço, pitando pensativamente seu cachimbo curvo, adquire nitidamente as feições duras do diretor de escola e inspetor disciplinar austero.) É mais provável que os comentários de interesse filosófico que uma criança faça expressem uma exploração de relações conceituais ou sejam uma brincadeira com conceitos do que a manifestação de sólidas convicções. Assim, os comentários filosóficos mais interessantes e intrigantes tendem a ser classificados por Piaget de mero romanceamento.

Embora isso já tenha sido exemplificado por várias das histórias que reproduzi, vou contar mais uma.

Uma vez, quando meu filho John tinha seis anos, resolvi levá-lo a um concerto da orquestra da faculdade. Ele

---

3. *Ibid.*, p. 10.

estava para começar as aulas de violoncelo. Minha idéia era colocá-lo bem defronte da seção de violoncelos da orquestra e dizer: "Esse é o instrumento que você vai tocar."

Quando chegamos, a sala onde o concerto seria realizado estava às escuras. O concerto fora cancelado. Desapontados, entramos no carro para voltar para casa. Depois de dar a partida, percebi que uma luz vermelha no painel permaneceu acesa. Meu filho, notando minha preocupação, perguntou-me qual era o problema. Expliquei a ele a função da luz de advertência: que ela ficava acesa para avisar que o alternador não estava produzindo eletricidade suficiente para carregar a bateria, que logo ficaríamos sem os faróis e assim por diante.

John refletiu por um instante e comentou: "Talvez ela esteja mentindo!" (Um caso óbvio de romanceamento.)

Aceitei o desafio. "Eu disse para você que haveria um concerto hoje à noite", afirmei. "Eu li no jornal que haveria o concerto. Mas não houve concerto algum. Eu menti para você?"

"Não", disse ele devagar, "o jornal mentiu". (Mais romanceamento!)

Bom, já tínhamos assunto para conversar a caminho de casa. Analisamos o conceito de mentira lenta e detidamente. No fim, depois de alguns disparates, chegamos à conclusão de que para mentir é preciso ter a intenção de enganar alguém; assim, a própria pessoa deve saber que o que ela está dizendo é mentira. (Evitei de propósito a possibilidade de se estar iludido, de mentir para si mesmo. Espero ansiosamente o dia em que John e eu poderemos debater isso!)

"Você acha", perguntei, realizado, ao colocar o carro na garagem, "que a luz poderia *saber* que o que ela indicava era mentira?"

"Não."

"Por que não?"
"Ela não tem cérebro."
Fiquei satisfeito.
Aí veio o último tiro. "Está bem, ela não estava mentindo", concordou meu filho, "mas talvez ela estivesse só provocando." (Romanceador inveterado!)
A última investida era das boas. A análise do conceito de provocação adiaria indefinidamente a hora de ir para a cama. Senti vontade de seguir adiante, mas não muita. Em vez de analisar o conceito de provocação com meu jovem filósofo, eu o mandei para a cama sem remorsos.
Não há uma única troca de idéias desse tipo no livro de Piaget. O que Piaget diz a respeito do romanceamento sugere que ele teria desestimulado uma discussão dessa espécie. Ao desestimulá-la, no entanto, ele desestimula a filosofia.
O que, então, Piaget considera evolução na formação de conceitos? E como ele acha que a evolução pode ser detectada?
No primeiro capítulo de *A representação do mundo na criança*, Piaget traça seu método:

> A técnica resume-se ao seguinte. Pergunta-se à criança: "Você sabe o que significa pensar em alguma coisa? Quando você está aqui e pensa na sua casa, ou quando pensa nas suas férias, ou na sua mãe, você está pensando em alguma coisa." E aí, quando a criança já entendeu: "Bem, e com que você pensa?" Se ela não pegou a idéia, o que é raro, deve-se explicar melhor a questão: "Quando você anda, você anda com seus pés; então, quando você pensa, pensa com quê?" Seja qual for a resposta, o que importa é o significado por trás das palavras. Por fim, supondo que fosse possível abrir a cabeça da pessoa sem que ela morresse, vem a pergunta: é possível ver um pensamento, ou tocá-lo, ou senti-lo com os dedos etc.? Logicamente, estas

últimas perguntas, que são sugestivas, devem ser reservadas para o final, quer dizer, para o momento em que não se consegue que a criança diga mais nada por si mesma.[4]

Piaget afirma constatar três fases de sofisticação crescente no desenvolvimento da noção que a criança tem sobre o pensamento, e tenta diferenciá-las:

> Durante [a primeira] fase, as crianças acreditam que se pensa "com a boca". O pensamento identifica-se com a voz. Nada ocorre na cabeça ou no corpo (...) Não há nada de subjetivo no ato de pensar. A idade média das crianças dessa fase é de seis anos.
> A segunda fase é marcada pela influência dos adultos. A criança aprendeu que pensamos com a cabeça; às vezes ela até se refere ao "cérebro" (...) Esse tipo de resposta sempre ocorre por volta dos 8 anos de idade. Mas mais importante é a continuidade existente entre a primeira e a segunda fase. Na verdade, freqüentemente o pensamento é tido como uma voz dentro da cabeça, ou no pescoço, o que demonstra a persistência da influência das convicções anteriores da criança. Por fim, há a maneira como a criança materializa o pensamento: o pensamento é feito de ar ou de sangue, ou é uma bola etc.
> A terceira fase, cuja faixa etária é de 11–12 anos, mostra que não existe mais a materialização do pensamento.[5]

Qualquer pessoa que conheça as teorias clássicas do pensamento conseguirá fazer uma relação entre elas e as três fases de Piaget. A idéia de que o pensamento é uma fala interna encontra-se nas obras de Platão, por exemplo, nesta passagem de seu diálogo "Teeteto":

---

4. *Ibid.*, pp. 37-8.
5. *Ibid.*, pp. 38-9.

Sócrates: Você aceita minha descrição do processo do pensamento?
Teeteto: Como você o descreve?
Sócrates: Como um discurso que a mente mantém consigo mesma sobre qualquer assunto que esteja considerando. Você deve levar em conta que essa explicação parte de um ignorante [talvez alguém encalhado na Fase I!]; mas minha idéia é que, quando a mente está refletindo, ela está simplesmente falando consigo mesma, fazendo perguntas e respondendo-as e dizendo Sim ou Não. No momento da decisão – que pode chegar devagar ou de repente –, quando não há mais dúvida e as duas vozes afirmam a mesma coisa, chamamos isso de "juízo". Assim, eu descreveria o pensamento como discurso e o juízo como uma afirmação pronunciada, não em voz alta, para alguém, mas em silêncio, para si mesmo.

[a partir da trad. de F. M. Cornford, 189e-190a]

A teoria de Platão foi retomada e reformulada nos tempos atuais. Uma das versões modernas é a teoria analógica do juízo presente em *Mental Acts*, de P. T. Geach. Uma versão bem diferente, mas muito mais parecida com a Fase I de Piaget, encontra-se nos textos do psicólogo behaviorista J. B. Watson. Segundo a teoria de Watson, as crianças são condicionadas a inibir o discurso oral por adultos cansados de ouvir o infindável falatório infantil. Em reação às repreendas para ficarem caladas, as crianças primeiramente murmuram e depois inibem tanto a fala que não produzem um som audível nem movimentam os lábios. Só movem os músculos da boca e da garganta. Esse discurso inibido, ou subvocal, diz Watson, é o pensamento[6].

---

6. P. T. Geach, *Mental Acts* (Londres: Routledge & Kegan Paul, 1957); John B. Watson, *Behaviorism* (Nova York: W. W. Norton, 1970), cap. 10.

Há várias teorias materialistas do pensamento correspondentes à segunda fase de Piaget, entre elas a que hoje se chama "teoria da identidade". O pensamento não é visto como "feito de ar ou de sangue" nem como uma bola, mas, pressupondo que ação mental seja idêntica à ação cerebral, o teórico da identidade certamente "materializa o pensamento". A julgar pelo espaço dedicado atualmente à defesa e à crítica da teoria de identidade em publicações de filosofia, essa explicação constitui a abordagem contemporânea mais instigante do velho problema de o que é o pensamento.

Por fim, a terceira fase da classificação de Piaget corresponde às teorias dualistas clássicas, especialmente as explanações imagistas da tradição empírica. Talvez a exposição mais completa e expressiva desse ponto de vista seja o fascinante capítulo "The Stream of Thought" [A corrente de pensamento], em *The Principles of Psychology*, de William James[7].

Poderíamos, é claro, questionar se a amostragem de Piaget ou seu método de condução da investigação justifica a conclusão de que as crianças desenvolvem naturalmente as noções sobre o pensamento segundo essa seqüência determinada. Mas suponhamos que estivéssemos satisfeitos com esses aspectos da investigação de Piaget. Ainda assim a noção de progresso contida em sua metodologia seria motivo de inquietação.

Segundo Piaget, é característico da primeira fase que a criança ache que "não há nada de subjetivo no ato de pensar". Piaget deixa claro que, em sua opinião, trata-se de uma deficiência na noção de pensamento da criança, defi-

---

7. William James, *The Principles of Psychology* (Nova York: Dover Publications, 1950), vol. 1, cap. 9.

ciência que se corrigiria numa fase posterior. Sobre a primeira fase, Piaget também afirma: "Ao tratar do desenvolvimento da noção de pensamento, podemos entender como primitiva a convicção da criança de que ela pensa com a boca. A noção de pensamento, assim que surge, confunde-se com a de voz, ou seja, com palavras, tanto pronunciadas quanto ouvidas."[8]

A ilação parece ser a de que um filósofo como Geach, que tenta elaborar uma explicação do pensamento como discurso interno, tem um desenvolvimento intelectual atrasado ou estranhamente contido. Tanto mais se esse filósofo ou psicólogo (Watson, no caso) mantiver a suposição, ou até insistir na suposição, de que "não há nada de subjetivo no ato de pensar". Os teóricos da identidade pelo menos ultrapassaram a primeira fase. Mas, a julgar pelas etapas piagetianas do desenvolvimento natural, a evolução deles também está estranhamente contida.

"Espere aí!", talvez você proteste. "Isso tudo é melodramático e exagerado demais. Piaget não afirma que uma criança normal de seis anos possua, digamos, uma teoria behaviorista do pensamento, e que uma de oito anos normalmente possua uma teoria da identidade e uma de doze anos, uma teoria dualista. Piaget não supõe que quaisquer dessas crianças tenham desenvolvido, ou até mesmo compreendam uma *teoria* sobre o que é o pensamento. Ele só diz que, quando se pergunta a uma criança de seis anos 'com o que você pensa?', a resposta esperada é 'com minha boca', ao passo que dois anos mais tarde se pode esperar a resposta 'com minha cabeça', 'com meu cérebro' ou algo parecido."

---

8. Piaget, *Child's Conceptions of the World*, pp. 38, 43-4.

É verdade que Piaget não atribui teorias do pensamento aos sujeitos de sua investigação. Dizer que alguém aceita certa teoria é sugerir que essa pessoa tem respostas bem elaboradas para uma série de perguntas a respeito do assunto da teoria. Piaget espera que os sujeitos de sua investigação fiquem sempre aturdidos com questões elementares sobre o pensamento e que suas respostas sejam às vezes incongruentes.

Portanto, Piaget não supõe de fato que os sujeitos de sua investigação comunguem de teorias como behaviorismo, dualismo e materialismo. Por outro lado, também não é correto dizer que ele simplesmente coleta e tabula respostas a perguntas como "com o que você pensa?" (por exemplo, X por cento das pessoas com idade Y responderam "com a boca"). Em vez disso, Piaget tem interesse na concepção de mundo da criança e, portanto, na concepção que a criança tem de o que é o pensamento. Devemos depreender das palavras da criança o que elas revelam a respeito do mundo conceitual infantil. Reconheço que sugerir que a criança tem uma *teoria* sobre o que é o pensamento seria um exagero. Mas com certeza Piaget supõe que uma criança tem, mesmo aos seis anos de idade, um *conceito* de pensamento. (Afinal, o capítulo de seu livro intitula-se "A Noção de Pensamento".)

Piaget torna essa intenção razoavelmente clara no seguinte trecho do capítulo inicial, que trata da metodologia:

> Deve-se tentar separar as respostas de seu elemento verbal. Certamente existe na criança todo um mundo de pensamentos, impossível de formular e constituído de imagens e esquemas motores combinados. Dele emanam, ao menos parcialmente, idéias de força, vida, peso etc., e as relações entre os objetos são perpassadas por essas associações indefiníveis. Quando se faz alguma pergunta à criança, ela tra-

duz seu pensamento em palavras, mas essas palavras são necessariamente inadequadas.[9]

Portanto, Piaget está interessado no mundo conceitual da criança, para o qual as palavras dela são "necessariamente inadequadas". E é com concepções de pensamento, por exemplo, que ele pretende trabalhar. A seqüência de concepções de pensamento que ele afirma encontrar em crianças de cinco a doze anos equipara-se, como descobrimos, a uma série de teorias do pensamento clássicas.

Voltamos, portanto, ao embaraço inicial. Será que Piaget presume que um behaviorista é alguém cuja concepção de pensamento nunca ultrapassou a Fase I? Ou será que ele presume que um behaviorista, digamos, primeiro evolui ao longo da infância e da adolescência e depois, na vida adulta, regride para a Fase I?

Poderíamos tentar tirar Piaget desse embaraço desprezando a idéia de evolução. Talvez ele apenas deseje ressaltar que as concepções de pensamento, sonho, significado, vida e assim por diante alteram-se de acordo com padrões identificáveis. Talvez ele não tenha, de fato, intenção de encarar essa seqüência como uma linha evolutiva. Nesse caso, talvez não haja embaraço algum em encontrar um adulto, até mesmo um filósofo ou um psicólogo eruditos, cuja visão de pensamento corresponda à de uma criança de seis ou oito anos de idade.

Infelizmente, essa solução não se coaduna com o texto. Piaget deixa claro ao longo do livro que a história de mudança conceitual contada por ele é a de uma aproximação cada vez maior da adequação. Uma passagem do capítulo que resume sua argumentação sobre os conceitos

---

9. *Ibid.*, p. 27.

infantis de pensamento, significado e sonho dá um bom exemplo:

> A distinção entre pensamento e mundo externo não é inata na criança, mas evoluiu e toma corpo gradativamente durante um processo lento. Um dos resultados disso é de primordial importância para o estudo da causalidade, o de que a criança é realista e seu progresso consiste em libertar-se desse realismo inicial. De fato, durante as primeiras fases, visto que a criança ainda não tem consciência da própria subjetividade, parece haver um único tipo de realidade devido à confusão entre os dados do mundo exterior e os do mundo interior. A realidade é dominada pelo eu e o pensamento é concebido como pertencente à categoria da matéria física.[10]

Quando leio essas palavras, recordo-me do que me disse o meu professor W. V. Quine quando eu fazia pósgraduação. Estávamos discutindo se aquilo que os filósofos chamam de "intencionalidade", símbolo do "interno" e do imaterial, poderia ser eliminado dos relatos a respeito do que alguém está pensando. Eu estava cético; Quine, insistente. "Convenhamos, Matthews", disse ele, sério, "o mundo é um só, e é *físico*".

Voltemos a Piaget:

> Há portanto duas formas de egocentrismo, a primeira lógica e a segunda ontológica. Da mesma maneira que a criança constrói sua verdade, ela também constrói sua realidade; assim como não sente a resistência da matéria, tampouco enfrenta a dificuldade de apresentar provas. Ela afirma sem provas e suas exigências não têm limites. Magia no plano

---

10. *Ibid.*, pp. 166-7.

ontológico e convicção sem prova no lógico (...) Na raiz tanto da magia quanto da convicção sem prova encontram-se as mesmas ilusões egocêntricas, quais sejam, confusão entre o próprio pensamento e o dos outros e confusão entre o eu e o mundo exterior.[11]

Parece que Piaget não nos deixou qualquer saída para tirá-lo do embaraço de insinuar que os behavioristas e os teóricos da identidade são crianças retardadas.

Além disso, algo mais incomoda naquelas últimas afirmações de Piaget. Levadas a sério, elas insinuam que seria loucura tentar falar de filosofia com uma criança e um capricho e uma insensatez esperar que uma criança diga alguma coisa filosoficamente interessante. Elas sugerem que a criança desenvolve uma concepção de mundo desatenta às restrições legítimas da lógica e da experiência. A suposição não revelada é que, em contraposição, "nós", adultos, atentamos de forma adequada à lógica e à experiência.

A pouca consideração de Piaget para com o pensamento das crianças pequenas é decerto injustificada. Já apresentei muitas provas nesse sentido. No entanto, para constatar que certas crianças defendem filosoficamente sua posição diante de Piaget, basta ler algumas entrevistas de seu livro. Embora muitas dessas conversas sejam transcritas de modo tão resumido que fica difícil tomá-las por base, há algumas que são relatadas por inteiro. Uma delas é uma conversa fascinante com uma criança de oito anos:

> Fav (...) está numa classe cuja professora tem o excelente hábito de dar a cada criança um "caderno de observações", no qual a criança registra todo dia, com ou sem o auxílio de desenhos, um acontecimento que ela presenciou fora da

---

11. *Ibid.*, pp. 167-8.

escola. Certa manhã, Fav escreveu espontaneamente, como sempre: "Sonhei que o diabo queria me cozinhar", e ele juntou a essa frase um desenho, que reproduzimos: à esquerda, Fav está na cama, no centro está o diabo e, à direita, Fav de pé, com camisão de dormir, diante do diabo, que está prestes a cozinhá-lo. Esse desenho chamou nossa atenção, e procuramos Fav. O desenho ilustra com toda clareza o significado do realismo infantil: o sonho se passa ao lado da cama, diante dos olhos do sonhador, que o observa. Além do mais, no sonho Fav está vestindo o camisão, como se o diabo o tivesse tirado da cama.

A seguir, as observações que fizemos: com relação à origem dos sonhos, Fav ultrapassou as convicções da primeira fase. Como Schi, ele sabe que o sonho vem do pensamento:

"O que é um sonho?
É um pensamento.
De onde ele vem?
Quando a gente vê alguma coisa e depois pensa nela.
Somos nós mesmos que fazemos o sonho?
Sim.
Ele vem de fora?

Não." Fav também sabe que pensamos *"com o cérebro, com nossa inteligência"*. Além disso, Fav, como Schi e todas as crianças de sua fase, sabe que só ele pode ver seu sonho; nem nós nem ninguém mais poderia ver o sonho com o diabo no quarto de Fav. Mas o que ele não compreendeu foi a natureza interna do sonho:

"Enquanto você está sonhando, onde está o sonho?
Na frente dos olhos.
Onde?
Quando você está deitado, na frente dos seus olhos.
Onde, bem perto?
Não, no quarto." Apontamos para o desenho que Fav fez de si mesmo, que marcamos com II.
"O que é isto?
Sou eu.
Qual é mais você, este (I) ou este (II)?
No sonho (apontando para II).
Este (I) é alguma coisa?
Sim, sou eu. Principalmente meus olhos, que ficaram aí (apontando para I) *para ver.* (!)
Como seus olhos estavam lá?
Eu estava todo lá, mas principalmente meus olhos.
E o resto do seu corpo?
Também estava lá (na cama).
Como isso é possível?
Havia dois eus. Eu estava na minha cama e estava observando o tempo todo.
Com os olhos abertos ou fechados?
Fechados, porque eu estava dormindo." Um instante depois parecia que Fav tinha compreendido a natureza interna do sonho:

"Quando você está dormindo, o sonho está em você ou você está no sonho?
O sonho está em nós, porque somos nós que vemos o sonho.
Ele está dentro da cabeça ou fora dela?
Dentro da cabeça.

Agora mesmo você tinha dito fora; o que isso quer dizer?
A gente não pode ver o sonho nos olhos.
Onde está o sonho?
Na frente dos olhos.
Há mesmo alguma coisa na frente dos olhos?
Sim.
O quê?
O sonho." Fav percebe agora que há algo de interno no sonho; ele sabe que a aparência de exterioridade do sonho é uma ilusão ("a gente não pode ver o sonho nos olhos"), e ainda assim ele reconhece que, para haver a ilusão, deve haver alguma coisa diante dele:
"Você estava realmente lá (apontando para II)?
Sim, eu estava lá duas vezes (I e II).
Se eu estivesse lá (II), teria visto você?
Não.
O que você quis dizer com 'eu estava lá duas vezes'?
Quando eu estava na cama, eu realmente estava lá, e depois, quando eu estava no meu sonho, eu estava com o diabo, e eu também estava realmente lá."[12]

(Suponho que foi o próprio Piaget quem conduziu a conversa com Fav.)

Claramente, o interesse predominante de Piaget é determinar se Fav ainda possui um conceito de sonho da segunda fase ou se ele passou para a terceira fase. Piaget caracteriza as duas fases desta maneira:

> Durante a segunda fase (idade média de 7-8 anos), a criança supõe que a origem do sonho esteja na cabeça, no pensamento, na voz etc., mas o sonho está no quarto, defronte dela. Sonha-se com os olhos; é como um quadro do lado

---

12. *Ibid.*, pp. 110-1.

de fora (...) Durante a terceira fase (cerca de 9–10), o sonho é produto do pensamento, acontece dentro da cabeça (ou dentro dos olhos), e sonha-se por meio do pensamento ou então com os olhos, usados internamente.[13]

Não estou muito certo de ter compreendido a caracterização dessas duas fases. Supõe-se que o que elas têm em comum é a idéia de que o sonho é "produzido internamente" (seja lá o que isso signifique). A diferença seria que, enquanto na segunda fase a criança acredita que o sonho esteja "no quarto, defronte dela", na terceira fase a criança supõe que ele "acontece [não no quarto mas] dentro da cabeça (ou dentro dos olhos)".

Então a pergunta é: "Onde Fav acha que o sonho está, no quarto ou na cabeça?" Piaget entende que as duas figuras de Fav no desenho denunciam uma ambivalência em Fav; elas indicariam que ele está a meio caminho entre a Fase II e a Fase III.

Por si mesmo, Fav quer dizer estas duas coisas:

(1) Durante o sonho eu estava na cama dormindo.
(2) Durante o sonho eu estava fora da cama, no quarto.

Ele parece perceber que, em função de certos princípios naturais, as duas são incompatíveis. Particularmente em função do princípio de que uma pessoa não pode estar em dois lugares ao mesmo tempo (antes de confiar demais nesse "truísmo", seria bom lembrar do meu jogo com John), Fav não pode estar ao mesmo tempo na cama e fora dela, no quarto. A solução de Fav é multiplicar-se: "Havia dois eus (...) Eu estava lá duas vezes".

Outra solução é dizer que a expressão "durante o sonho" em (1) e (2) é ambígua. Se for entendida como

---

13. *Ibid.*, p. 91.

"durante todo o sonho", então (2) é verdadeira e (1) é falsa. Se for entendida como "durante todo o tempo em que eu tive o sonho", então (1) é verdadeira e (2) é falsa.

Na verdade, a segunda solução não é muito boa. Porque, se sonharmos com o mesmo período durante o qual estivemos dormindo, então somos forçados a concluir que, digamos, às duas da manhã estávamos tanto na cama quanto de pé no quarto.

A solução de Piaget parece ser simplesmente negar (2) e substituí-la por algo assim:

Durante o sonho me *pareceu* estar fora da cama, no quarto.

Quer dizer, "ele sabe que a aparência de exterioridade do sonho é uma ilusão".

Até aqui, é uma boa jogada. Mas Piaget está tão preocupado com o que ele chama de "natureza interna do sonho" que ele pergunta a Fav: "Quando você está dormindo, o sonho está em você ou você está no sonho?", e de tal modo que deixa claro que em seu entender

(3) O sonho está em Fav

é verdadeiro, mas

(4) Fav está no sonho

é falso. Fav está satisfeito em admitir (3), mas não desiste, com toda razão, de (4). Afinal, era *seu* sonho e ele sabe que estava nele.

Nesse episódio, Piaget teve a oportunidade de filosofar um pouco com uma criança, mas deixou-a passar. O único interesse dele ao conversar com Fav parece ser colocar a criança em algum lugar na escala da competência de sonhar.

Para mim, o aspecto mais notável dessa conversa é a aparente insensibilidade de Piaget ao aturdimento. Como se pode perguntar a uma pessoa, adulto ou criança, "você estava no sonho ou o sonho estava em você?" e não cair num certo aturdimento diante da naturalidade, em função de um sonho de conteúdo análogo, da resposta: "nos dois – eu estava no sonho e o sonho estava em mim". Fav está aturdido. Piaget não.

Temos uma pista de por que Piaget trata o conceito de pensamento como discurso interno e o conceito materialista de pensamento como meras fases do desenvolvimento cognitivo das crianças. Não lhe ocorre que o que ele entende por conceito adulto de pensamento gera problemas, dúvidas ou perplexidades. Por não ter abordado ponderadamente os conceitos "anteriores", ele também não está preparado para abordar ponderadamente a concepção "adulta". Então, do ponto de vista de seu histórico do desenvolvimento cognitivo, o motivo pelo qual os adultos deveriam retornar aos conceitos da sua juventude é algo misterioso.

Na verdade, todos os conceitos que Piaget afirma ter encontrado em crianças incitam à reflexão filosófica. Além do mais, não é inteiramente óbvio que as noções da terceira fase sejam sempre mais pertinentes e satisfatórias do que as noções da primeira e da segunda fases.

Certas pessoas são imunes à dúvida filosófica. Para elas, talvez haja muito que aprender sobre o mundo, mas nada com que se aturdir. A julgar por *A representação do mundo da criança*, Piaget é uma pessoa assim. Para uma pessoa como eu, ao contrário, que ainda tenho muitas dúvidas sobre pensamento, significado, sonho, vida, consciência – temos do livro de Piaget –, uma afirmação de uma criança ou um desenho como o de Fav podem ser o ponto de partida para um pequeno colóquio, com a criança ou comigo mesmo, no qual se tente pensar uma saída para a dúvida.

Vejamos o desenho de Fav. Fav aparece no desenho, como ele diz, "duas vezes". De certo modo, isso parece ser muito correto. Afinal, ele estava na cama durante todo o tempo em que teve o sonho e ele também estava, durante o sonho inteiro, fora da cama, postado do outro lado do diabo. Mas será possível estar em dois lugares ao mesmo tempo?

O fato de ser possível começar a filosofar com uma criança de maneira tão simples constitui um dado importante sobre a filosofia e um dado importante sobre as crianças. É algo que Piaget não percebeu.

5. Histórias

SE PIAGET, o primeiro e talvez o único psicólogo renomado do desenvolvimento cognitivo, não tem sensibilidade para o pensamento filosófico de crianças pequenas, quem terá?[1] Em geral, outros psicólogos do desenvolvimento não têm essa sensibilidade. Nem, acho eu, teóricos da educação. Quem, então?

A resposta pode ser surpreendente. São os escritores de histórias infantis – pelo menos alguns deles – que têm sido praticamente os únicos adultos a reconhecer que mui-

---

1. Certamente há ironia na minha afirmação de que Piaget não é sensível ao pensamento filosófico de crianças pequenas, o que é evidente nos dois primeiros parágrafos de um artigo mais antigo, "Children's Philosophies", em *A Handbook of Child Psychology*, org. Carl Murchison, 2ª ed. rev. (Worcester, Mass.: Clark University Press, 1933): "Nem é preciso dizer que a criança não produz mesmo nenhuma filosofia, no sentido exato da palavra, já que ela nunca procura organizar suas reflexões em nada que se assemelhe a um sistema. Da mesma maneira que Tylor estava errado ao se referir à 'filosofia selvagem' como aquela que diz respeito às representações místicas da sociedade primitiva, não se pode falar, senão metaforicamente, da filosofia da criança.

"Ainda assim, embora os comentários espontâneos das crianças a respeito de fenômenos da natureza, da mente e da origem das coisas possam ser desconexas e incoerentes, podemos discernir em algumas delas tendências constantes, que reaparecem a cada novo esforço de reflexão. São essas tendências que podemos chamar de 'filosofias infantis' (p. 534)." A despeito da ironia, fico com minha afirmação.

tas crianças intrigam-se naturalmente com questões filosóficas.

Vejamos *The Bear That Wasn't* [O urso que não era], que começa assim:

> Um dia, na verdade era uma terça-feira, o Urso se ergueu à beira de uma grande floresta e olhou para o céu. Bem lá no alto, ele viu um bando de gansos voando para o sul. Aí ele olhou para as árvores da floresta. As folhas tinham ficado amarelas e marrons e caíam dos galhos. Ele sabia que, quando os gansos voam para o sul e as folhas caem das árvores, o inverno estava para chegar e a neve cobriria a floresta. Era hora de entrar numa caverna e hibernar. E foi exatamente isso que ele fez.[2]

À medida que a história continua, o ambiente à volta da caverna do Urso se transforma. Surgem trabalhadores "com gráficos, mapas e instrumentos topográficos". Tudo que eles fazem é cartografar, mapear e medir... "por todo canto". Então chegam mais trabalhadores; eles têm "escavadeiras, serras, tratores e machados". Tudo o que eles fazem é escavar, serrar, revolver a terra e dar machadadas... "por todo canto".

O que acaba resultando de toda essa atividade frenética é "uma fábrica grande, vasta, enorme, bem EM CIMA da caverna do Urso que dorme". Aliás, a fábrica começa a funcionar antes que o Urso acorde na primavera.

Quando o Urso acorda, ele vagarosamente começa a se localizar na caverna buscando a entrada. Sonolento, caminha até a entrada e sai "para o sol da primavera". Segue-se uma cena "chocante":

---

2. Frank Tashlin, *The Bear That Wasn't* (Nova York: Dover Publications, 1946), sem numeração de página.

Seus olhos só estavam semi-abertos, porque ele ainda estava com muito sono. Seus olhos não ficaram semi-abertos por muito tempo. De repente eles SE ABRIRAM inteiramente. O Urso olhou em frente.
Onde estava a floresta?
Onde estava o mato?
Onde estavam as árvores?
Onde estavam as flores?
O QUE TINHA ACONTECIDO? Onde é que ele estava?

A paisagem com a fábrica que o Urso está vendo é tão diferente do que a memória dele lembrava que ele conclui que só pode estar sonhando:

> "Devo estar sonhando", disse ele. "Claro que é isso; estou sonhando." Então ele fechou os olhos e se beliscou. Depois abriu os olhos bem devagarinho e olhou em volta. Os prédios enormes continuavam lá. Não era sonho. Era a realidade.

É fácil entender o espanto do Urso. Quem não ficaria espantado? Difícil é levar a sério o recurso do Urso para saber se estava sonhando.

Apesar de difícil, não é impossível. Ao menos um filósofo, John O. Nelson, afirmou que o recurso usado pelo Urso é eficaz[3].

Ainda assim, não é um recurso confiável; ele certamente não funciona. Se o Urso não sabe se está acordado, então ele presumivelmente também não sabe se está realmente se beliscando ou só sonhando com isso.

---

3. John O. Nelson, "Can One Tell That He Is Awake by Pinching Himself?", *Philosophical Studies* 17 (1966):81-4. Ver também Michael Hodges e W. R. Carter, "Nelson on Dreaming a Pain", *Philosophical Studies* 20 (1969):43-6; e Jay Kantor, "Pinching and Dreaming", *Philosophical Studies* 21 (1970):28-32.

Existe outro recurso melhor? Existe algum método confiável, exeqüível para saber se se está acordado ou dormindo?

Frank Tashlin, o autor da história, não substitui por nada mais confiável seu método fantasioso de saber se se está dormindo. O teste do sonho, no entanto, não é o único ângulo filosófico da história.

O próprio título da história anuncia uma sensibilidade para a filosofia. O "não era" de *The Bear That Wasn't* [literalmente, *O urso que não era*] paira primorosamente entre um intransitivo sem complemento ("não era" = "não existia") e um verbo de ligação com complemento ("não era" = "não era isto e aquilo", por exemplo, "não era um urso" ou "não era o que se achava que fosse"). Um erudito sugeriu que foi com essa indefinição entre os empregos predicativos e intransitivos do verbo "ser" que o filósofo pré-socrático Parmênides inaugurou a discussão filosófica sobre o não-ser[4].

Na história de Tashlin, todos – o superintendente da fábrica, o gerente-geral, o terceiro-vice-presidente, o segundo-vice-presidente, o primeiro-vice-presidente e o presidente da fábrica – insistem que o ser diante deles não é um urso. Dizem que se trata de "um doido que precisa fazer a barba e se veste com um casaco de pele". Eles querem que ele volte ao trabalho. Se todas essas pessoas têm razão, se o que está diante delas não é um urso, então esse urso de que a história vinha falando é uma ilusão e realmente não existe.

À medida que a história se desenrola, o próprio Urso começa a duvidar de que ele seja um urso. Será que ele já

---

4. Montgomery Furth, "Elements of Eleatic Ontology", *Journal of the History of Philosophy* 6 (1968):111-32; ver especialmente pp. 111-3.

soube que era um urso e agora não sabe? Qual era a fundamentação do seu conhecimento anterior e o que a põe em dúvida agora? Se ele nunca teve uma boa razão para pensar que era um urso, estaria correto dizer que ele sabia que era? Que fundamentos qualquer um de nós tem para saber o que costumamos dizer e achar que sabemos? A zombaria dos ursos do zoológico – "Não, ele não é um Urso, porque se fosse não estaria fora da jaula com você; ele estaria conosco aqui na jaula" – faz lembrar o formalismo vazio que está por trás de muitas das nossas pretensões de conhecimento.

Os temas filosóficos que despontam em *The Bear That Wasn't* são, assim, ao menos quatro: sonho e ceticismo; ser e não ser; aparência e realidade; e os fundamentos do conhecimento.

Claro, não quero dizer que *The Bear That Wasn't* seja um tratado de filosofia, nem sequer um tratado de filosofia disfarçado. Não é nem mesmo um livro de filosofia. É uma história infantil. Mas seu estilo, que chamo de "fantasia filosófica", consiste em levantar, indiretamente, uma série de questões epistemológicas e metafísicas conhecidas de estudiosos da filosofia. Embora *The Bear That Wasn't* seja um exemplo especialmente bom de fantasia filosófica, esse estilo narrativo não é nem um pouco incomum na literatura infantil.

OUTRO MESTRE da fantasia filosófica é L. Frank Baum, autor do popular *The Wonderful Wizard of Oz* [O maravilhoso Mágico de Oz][5]. Embora alguns dos outros livros de Baum apresentem exemplos melhores de fantasia filosófi-

---

5. L. Frank Baum, *The Wonderful Wizard of Oz* (Nova York: Dover Publications, 1960).

ca do que o *Mágico de Oz*, há pelo menos uma passagem neste que ilustra perfeitamente o tipo de fantasia a que me refiro: a autobiografia do Homem de Lata.

Como os leitores da versão integral da história de Baum sabem, o Homem de Lata começou a vida como uma criatura de carne e osso. Ele se transformou gradativamente com as sucessivas amputações e substituições de cada perna e de boa parte do corpo por lata, até que, no fim, ele ficou todo de lata. A história da vida dele assemelha-se a uma versão da conhecida fábula do navio de Teseu, cujas tábuas foram substituídas uma de cada vez até que todas eram novas. Como com o navio de Teseu, o problema é dizer quando, no decorrer da substituição parte por parte, e por que, o ente original deixa de existir[6].

A história do Homem de Lata, no entanto, acrescenta dois elementos ao conhecido problema da substituição parte por parte. Um é que, no Homem de Lata, são colocadas peças de lata no lugar de carne e osso. (No navio de Teseu, claro, madeira substitui madeira.) A mudança do tipo de matéria – especialmente quando a original, carne e osso, está tão intimamente relacionada com a espécie de ser que o ente original é – afeta nossas intuições a respeito da sobrevivência ou não à transformação. Uma criatura de lata parece não ter tanto direito de ser um homem (estou admitindo que os Munchkins da história sejam seres humanos), e portanto menos direito de ser o *mesmo* homem, quanto uma criatura constituída inteiramente de "transplantes de carne". (Mas, e se fosse plástico, principalmente aquele que imita carne e osso?)

---

6. Veja uma explanação sobre as questões filosóficas suscitadas por essa história ancestral em Roderick M. Chisholm, "The Loose and Popular and the Strict and Philosophical Senses of Identity", em *Perception and Personal Identity*, org. N. S. Care e R. H. Grimm (Cleveland: Case Western Reserve University Press, 1969), pp. 82-106.

O segundo elemento novo é a memória do Homem de Lata. O navio de Teseu não pode, obviamente, lembrar-se de nada. O Homem da Lata, ao contrário, conta a história da transformação gradual que é a história de sua vida. Desde que John Locke sugeriu que a memória fosse a referência fundamental para a identidade pessoal, os filósofos têm levado muito a sério a memória ao debater essas questões[7].

UM TERCEIRO MESTRE da fantasia filosófica na literatura infantil é James Thurber. Em seu maravilhoso *Luas e luas*, Thurber descreve o empenho do rei em fazer sua filha se recuperar atendendo o desejo dela de ganhar a lua. "Só fico boa de novo", ela diz ao Rei, "quando tiver a lua"[8]. Para infelicidade do Rei, nem o Camareiro-Mor, nem o Feiticeiro Real, nem o Matemático Real têm como ajudá-lo a atender o pedido da Princesa Letícia. O Rei tem um acesso de raiva e se desespera. Só o Bobo da Corte se lembra de perguntar à Princesa Letícia de que tamanho é a lua e a que distância está:

"De que tamanho você acha que [a lua] é?"

"É só um pouquinho menor que a unha do meu polegar", disse ela, "porque, quando o coloco na frente da lua, ele a cobre direitinho".

"E a que distância ela está?", perguntou o Bobo da Corte.

---

7. John Locke, "Of Ideas of Identity and Diversity", *An Essay Concerning Human Understanding* (Nova York: Dover Publications, 1959), vol. I, livro 2, cap. 27, pp. 439-70.

8. James Thurber, *Many Moons* (Nova York: Harcourt Brace Jovanovich, 1971), sem numeração de página. [Edição brasileira: *Luas e luas*, trad. Dinah de Abreu Azevedo, São Paulo, Ática, 6ª ed., 1998.]

"Ela não fica mais longe que a árvore grande do lado de fora da minha janela", disse a Princesa, "porque às vezes ela fica presa nos galhos mais altos."

Ao ouvir essas respostas, o Bobo da Corte pede ao Joalheiro Real que faça "uma luazinha redonda de ouro, só um pouquinho menor que a unha do polegar da Princesa Letícia" e a coloque numa corrente de ouro.

A dúvida sobre o tamanho aparente dos objetos vistos a grande distância (como quando John Edgar se perguntou se as coisas ficam menores dentro dos aviões quando eles sobem para o céu) parece ser bastante comum em crianças. Dois casos com Ursula (que já foi apresentada) trazem o mesmo tipo de pergunta:

URSULA [três anos e seis meses] e seus pais descem a montanha de trem. Ao atravessarem um túnel curto, Ursula, que de seu assento tinha uma boa visão em perspectiva da saída arredondada do túnel, disse: "Olhem! Ela parece tão pequenininha. Por quê?"

No Rigi Kulm, olhando para a paisagem do Bernese Oberland, o pai de Ursula apontou para o Jungfrau e disse: "Há uma casa lá em cima." Ursula [três anos e seis meses]: "Como alguém pode morar lá em cima, tão pequenininha?"[9]

O leitor de *Luas e luas*, alheio à filosofia – é mais provável que seja um dos pais do que a criança –, vai só sorrir da ingenuidade da Princesa Letícia e voltar a atenção para outros assuntos. Mas a linda história de Thurber oferece às mentes mais reflexivas uma série de perguntas sobre percepção, ilusão, tamanho e distância aparentes,

---

9. Isaacs, *Intellectual Growth*, pp. 360-1.

que têm intrigado filósofos por dois mil e quinhentos anos[10].

UM QUARTO EXEMPLO de fantasia filosófica é *Winnie-Puff*, de A. A. Milne. Em certo trecho, o Coelho explica seu plano de roubar o Bebê Ru. Quando Canga perguntasse: "Onde está o Bebê Ru?", todos deveriam dizer: "*Ahá!*"

> "*Ahá!*", disse Puff, para treinar *Ahá! Ahá!* ... "Claro, ele prosseguiu, "podemos dizer '*Ahá!*' mesmo sem termos roubado o Bebê Ru."
> "Puff", disse o Coelho, gentilmente, "você não tem um pingo de cérebro".
> "Eu sei", disse Puff, com humildade.
> "Temos de dizer '*Ahá!*' de jeito que Canga saiba que *nós* sabemos onde está o Bebê Ru. '*Ahá!*' quer dizer: 'Diremos onde está Bebê Ru se você prometer ir embora da Floresta e nunca mais voltar'. Agora fiquem quietos enquanto eu penso."
> Puff foi para um canto e ficou tentando dizer '*Ahá!*' com a voz adequada. Às vezes tinha a impressão de conseguir o tom que o Coelho queria, outras vezes não. "Acho que é só uma questão de treino", ele pensou. "Será que Canga também vai precisar treinar para entender do jeito certo?"[11]

A idéia de que uma palavra possa vir a significar exatamente o que queremos que ela signifique pode ser chamada de "teoria Humpty Dumpty do significado", lembrando uma famosa passagem de *Through the Looking Glass* [Através do espelho], de Lewis Carroll:

---

10. Veja a explanação de John Austin em "The moon looks no bigger than a sixpence", em *Sense and Sensibilia* (Oxford: Oxford University Press, 1962), p. 41.
11. Milne, *Winnie-Puff, op. cit.*, p. 88.

– Eis a glória para você.
– Não sei bem o que o senhor entende por "glória" – disse Alice.

Humpty Dumpty sorriu com desdém. – Claro que você não sabe, até eu lhe dizer. O que quero dizer é: "eis aí um argumento arrasador para você".

– Mas "glória" não significa "argumento arrasador" – objetou Alice.

– Quando uso uma palavra – disse Humpty Dumpty em tom escarninho – ela significa exatamente aquilo que eu quero que signifique... nem mais nem menos.

– A questão – ponderou Alice – é saber se o senhor *pode* fazer as palavras dizerem tantas coisas diferentes.

– A questão – replicou Humpty Dumpty – é saber quem é que manda. É só isso[12].

O que torna plausível a teoria de Humpty Dumpty é o entendimento natural de que o significado de uma palavra usada em determinada situação é a idéia ou a imagem mental que o narrador ou o escritor tem em mente quando a palavra é pronunciada ou escrita.

Ludwig Wittgenstein, em seu *Philosophical Investigations*, dedica uma atenção considerável à teoria de Humpty Dumpty e às idéias sobre pensamento e significado que naturalmente a acompanham. Nesta curta passagem ele refuta essa teoria: "Posso dizer 'bububu' e querer dizer 'se não chover eu vou caminhar'? É apenas numa linguagem que eu posso dizer alguma coisa com outra coisa. Isso mostra claramente que a gramática de 'significar' é diferente daquela da expressão 'imaginar' e outras parecidas."[13]

---

12. Carroll, *Alice's Adventures in Wonderland*, p. 186. [Edição brasileira, tradução e organização de Sebastião Uchoa Leite: *op. cit.*]
13. Wittgenstein, *Philosophical Investigations*, p. 18.

HISTÓRIAS

COMO QUINTO EXEMPLO de fantasia filosófica na literatura infantil pego a excelente coletânea de histórias de Arnold Lobel intitulada *Frog and Toad Together* [A Rã e o Sapo juntos]. Muitas das histórias de Lobel, nessa coletânea e em outras publicações, trazem comentários irônicos sobre a linguagem, a vida e a natureza humana. Uma das minhas favoritas é "Cookies" [Biscoitos]. Ela é assim:

A Rã e o Sapo começam a comer os biscoitos que o Sapo assou. Eles comem sem parar até que a Rã, com a boca cheia de biscoitos, diz: "Acho que devemos parar de comer. Vamos ficar enjoados." O Sapo concorda, mas quer comer só mais um biscoito; ambos comem. Depois eles comem o último *mesmo*. A Rã diz que o que eles precisam é de força de vontade. Quando o Sapo pergunta "o que é força de vontade?", a Rã responde: "Força de vontade é tentar bastante *não* fazer uma coisa que você quer muito fazer." A Rã coloca os biscoitos restantes numa caixa e afirma que eles não vão mais comer. "Mas nós podemos abrir a caixa", diz o Sapo. "É verdade", reconhece a Rã. A Rã pega uma escada e coloca a caixa numa prateleira alta. "Mas nós podemos subir a escada", ressalta o Sapo. Por fim, sem conseguir conter-se, a Rã sai de casa e dá aos passarinhos os biscoitos que sobraram. "Agora não temos mais biscoitos para comer", diz o Sapo, desconsolado. "Nem unzinho." "É", diz a Rã, "mas nós temos um monte de força de vontade."[14]

A noção de vontade e a noção correlata de força de vontade são questões exasperadas e exasperantes em filosofia. A exasperação está relacionada, por um lado, com a

---

14. Arnold Lobel, *Frog and Toad Together* (Nova York: Harper & Row, 1972), pp. 30-41.

idéia de determinismo e se o determinismo é ou não compatível com o livre-arbítrio. Por outro, com a fraqueza da vontade e a falta de força de vontade.

A Rã diz que força de vontade é "tentar bastante *não* fazer uma coisa que você quer muito fazer". É muito intrigante a idéia de tentar *não* fazer o que se quer muito fazer. Se se quer muito fazer uma coisa, não se vai tentar *não* fazê-la. Por outro lado, se se tentar muito *não* fazer, será porque não se quer fazer. Então, o que a Rã define como falta de força de vontade – a bem da verdade, todos definimos assim – começa a parecer um caso de desejos conflitantes. O Sapo quer parar, mas ele também quer, e com mais intensidade ainda, continuar a comer biscoitos.

Nesse ponto é natural pensar no Sapo como um conjunto de desejos, inclusive o desejo de parar de comer biscoitos (não tão forte nesse momento) e o desejo de continuar comendo (muito forte). Suponhamos que o Sapo continue a comer os biscoitos. De quem é a culpa? Do desejo de parar, por ser muito fraco? Ou do desejo de continuar, por ser muito forte? Ou é bobagem culpar um desejo por ser muito forte ou muito fraco? Pode-se concluir que um desejo é forte porque é, e isso encerra a questão.

Quando São Paulo diz: "Ora, se eu faço aquilo que não quero, já não sou eu, na verdade, que o faço, mas o pecado que habita em mim" (Rom. 7:20), ele parece identificar-se com seus desejos louváveis e renegar os outros como uma força estranha, subvertedora (pecado). Mas não será que o homem, São Paulo, é tanto os impulsos ruins quanto os bons? Tanto o id quanto o superego?

A paródia suave e encantadora escrita por Lobel sobre a Rã e o Sapo instiga-nos a refletir sobre o fenômeno da fraqueza da vontade e juntar-nos a filósofos desde Aristóteles até o presente para tentar entendê-la (veja *Ética a Nicômaco*, livro 7). É um fenômeno não só familiar como difícil de elucidar.

6. Fantasia

TODAS AS HISTÓRIAS do último capítulo são exemplos de fantasia na literatura infantil. Bruno Bettelheim, em seu aclamado *The Uses of Enchantment: The Meaning and Importance of Fairy Tales* [Psicanálise dos contos de fada], afirma com eloqüência que a fantasia é importante no desenvolvimento de uma criança pequena[1]. Teria Bettelheim reconhecido também o papel das histórias infantis como estímulo ao pensamento filosófico de crianças pequenas?

A resposta é "não" – um contundente "não". Para entender por que, veja as seguintes afirmações:

1. Para o homem primitivo, o sol tem vida porque dá luz; o rio tem vida e vontade porque sua água corre.
2. As explicações realistas geralmente são incompreensíveis para o primitivo, porque ele não possui o entendimento abstrato necessário para lhes dar sentido.
3. A maneira como se desenrolam as histórias verdadeiras sobre o mundo real é tão estranha à maneira como fun-

---

[1]. Bruno Bettelheim, *The Uses of Enchantment: The Meaning and Importance of Fairy Tales* (Nova York: Alfred A. Kopf, 1976). [*Psicanálise dos contos de fada*, Rio de Janeiro, Paz e Terra, 1980.]

ciona a mente do primitivo quanto os acontecimentos sobrenaturais das fábulas são estranhos à maneira como funciona a mente de uma pessoa civilizada.
4. O primitivo alterna momentos de total desespero e completo contentamento. Ele ou cai na mais profunda depressão, ou eleva-se ao píncaro da felicidade; não há meio-termo.
5. É justo questionar a crença do século XVIII na inocência do primitivo, mas certamente a idéia de demonstrar misericórdia para com o iníquo, característica da mente civilizada, desconcerta o primitivo.

Suponhamos que se aceitem essas afirmações. Que tipo de atitude essa aceitação estimularia?

Pode-se, é claro, ter fascinação pelas sociedades e culturas dos povos primitivos. É assombroso e fascinante pensar que outros povos possam ser tão diferentes de nós quanto aquelas afirmações fazem crer. Mas certamente não se pode contar com uma boa comunicação com esses povos primitivos, pelo menos não sem um longo período de adaptação a seus hábitos. Ainda mais importante: seria muito natural encarar os povos primitivos e sua cultura com condescendência. Se as "histórias verdadeiras sobre o mundo real" são "tão estranhas à maneira como funciona a mente do primitivo" e "a idéia de demonstrar misericórdia para com o iníquo (...) desconcerta o primitivo", então, obviamente deve-se sentir pena dos primitivos (e talvez também medo!).

Espero que meus leitores fiquem chocados ao saber que as cinco afirmações sobre o homem primitivo são quase as mesmas afirmações que Bettelheim faz a respeito das crianças. Na verdade, eu as tirei de *Psicanálise dos contos de fada*, apenas trocando o que Bettelheim diz das crianças por afirmações sobre os primitivos:

[1.] Para a criança de oito anos (para citar os exemplos de Piaget), o sol tem vida porque dá luz (e, poder-se-ia acrescentar, ele faz isso porque quer). Para a mente animista da criança, a pedra tem vida porque pode mover-se, como quando rola por um morro. Mesmo a criança de doze anos e meio está convicta de que o rio tem vida e vontade porque sua água corre.

[2.] As explicações realistas geralmente são incompreensíveis para as crianças, porque lhes falta um entendimento abstrato para dar-lhes sentido.

[3.] A maneira como [histórias "verdadeiras" sobre o mundo "real"] se desenrolam é tão estranha à maneira como a mente da criança funciona antes da puberdade quanto os acontecimentos sobrenaturais das fábulas são estranhos à maneira como o intelecto maduro compreende o mundo.

[4.] O desespero da criança toma conta de tudo – por não conhecer gradações, ela ou sente uma depressão abissal, ou uma alegria sublime – e portanto nada, senão uma felicidade paradisíaca, é capaz de combater seu medo da ruína total naquele momento.

[5.] É justo questionar a crença de [G. K.] Chesterton na inocência das crianças, mas ele tem toda razão em observar que a valorização da misericórdia para com o iníquo, embora seja uma característica da mente madura, desconcerta a criança.[2]

Considero essas generalizações tanto factualmente falsas quanto moralmente repugnantes. Como pode uma coisa factualmente falsa ser também moralmente repugnante? Uma possibilidade é ela expressar uma atitude de superioridade moralmente inadequada para o tratamento de outros seres humanos. Em minha opinião, as afirmações de Bettelheim fazem isso.

---

2. *Ibid.*, pp. 46, 47-8, 53, 126, 144.

A FILOSOFIA E A CRIANÇA

Um dia, meus alunos e eu discutíamos dilemas sobre o infinito e qual seria a melhor resposta à pergunta de uma criança sobre o infinito. Uma aluna protestou dizendo que discutir isso era inútil, pois antes dos doze anos mais ou menos nenhuma criança seria capaz de apreender o conceito de infinito. Para defender esse ponto de vista, ela apelou para a afirmação de Bettelheim de que falta às crianças pequenas "o entendimento abstrato necessário para dar sentido [às explicações realistas]". Ela recordou um caso do livro de Bettelheim:

> No outono de 1973, o cometa Kohoutek era notícia. Na época, um ótimo professor de ciências deu explicações sobre o cometa a um pequeno grupo de alunos muito inteligentes de segunda e terceira série. Cada criança havia cortado cuidadosamente um círculo de papel e desenhara nele a órbita dos planetas ao redor do Sol; uma elipse de papel, presa ao círculo de papel por uma aba, representava a trajetória do cometa. As crianças me mostraram o cometa cortando obliquamente a órbita dos planetas. Quando lhes perguntei, as crianças, mostrando a elipse, disseram que estavam segurando o cometa na mão. Quando lhes perguntei como o cometa que elas estavam segurando poderia estar ao mesmo tempo no céu, elas ficaram todas atrapalhadas.
> Confusas, viraram-se para o professor, que lhes explicou detidamente que o que elas seguravam na mão e tinham criado com tanto cuidado era apenas um modelo dos planetas e do cometa. Todas as crianças disseram que entenderam e teriam repetido essa explicação se lhes perguntassem de novo. Mas, se antes elas se orgulhavam desse círculo com elipse que tinham na mão, agora elas haviam perdido todo o interesse. Algumas amassaram o papel, outras jogaram o modelo na cesta de lixo. Quando o pedaço de papel era o cometa, todas elas tinham a intenção de levar o

modelo para casa para mostrar aos pais, mas agora ele deixara de ter significado para elas.[3]

Vale a pena mencionar, aliás, que o conceito de modelo é um assunto extremamente interessante e fértil para a investigação filosófica. Foram escritos muitos artigos e livros profundos sobre esse tema, e estou certo de que muitos outros serão escritos. A semântica da nossa referência a modelos e quadros não foi ainda muito bem compreendida. Recentemente, o tema tornou-se mais premente porque boa parte das ciências naturais e sociais é concebida segundo modelos: modelos do átomo, da mente humana, da economia de livre mercado e assim por diante.

Bettelheim não dá mostras de que ele, ou qualquer outro adulto, encontre algo de interessante ou problemático na noção de modelo: "Quando lhes perguntei como o cometa que elas estavam segurando poderia estar ao mesmo tempo no céu, elas ficaram todas atrapalhadas."

Imaginem uma conversa assim: "O cometa que está agora na minha mão ainda está no céu; é visível no Hemisfério Sul. Mas o cometa que está naquela prateleira desintegrou-se há um século". Essa conversa é inteligível; mas por quê?

Como *é possível* o cometa estar na minha mão e também no céu? Com o tom jocoso e conclusivo que Bettelheim parece ter usado, a pergunta teria envergonhado qualquer um de nós a ponto de amassarmos nosso modelo e jogá-lo na cesta de lixo. Se fosse feita de maneira inquisitiva, reflexiva ou divertida, a pergunta poderia propiciar um campo fascinante de investigação, o da metafísica e epistemologia dos modelos.

---

3. *Ibid.*, pp. 48-9.

Coincidentemente, *Luas e luas*, de Thurber, traz um diálogo maravilhoso entre o Bobo da Corte e a Princesa Letícia. O Bobo pergunta a Letícia como é possível a lua estar pendurada na correntinha em seu pescoço e também aparecer pela janela. A Princesa responde com uma série de analogias poéticas divertidas e encantadoras que nos estimulam a refletir ainda mais.

Volto à minha classe, a Bettelheim a perguntar se é perda de tempo discutir os paradoxos do infinito com crianças pequenas.

Poucos dias depois, outro aluno contou sobre Michael, a criança do capítulo 3 que estava inquieta com o fato de o universo ser infinito. Haveria resposta melhor para o ar de superioridade de Bettelheim?

Como alguém que passou tanto tempo de sua vida profissional com crianças, como Bettelheim, pode supor que elas têm capacidade intelectual limitada? O máximo que eu posso fazer para explicar isso é centrar-me na máxima "a ontogênese recapitula a filogênese" (quer dizer, a gênese ou o desenvolvimento do indivíduo recapitula as fases de desenvolvimento da raça). Bettelheim, como Freud antes dele, parece considerar essa máxima uma generalização verdadeira sobre o desenvolvimento humano e também achá-la estimulante como ideal normativo. Na verdade, ele a trata tanto normativa quanto descritivamente:

> Parece ser um anseio do indivíduo repetir durante a vida o processo histórico da gênese do pensamento científico. Por muito tempo na história o homem fez uso de projeções emocionais – os deuses, por exemplo – nascidas de suas esperanças e ansiedades imaturas para explicar o homem, a sociedade e o universo; essas explicações deram-lhe uma sensação de segurança. Depois, lentamente, com

o progresso social, científico e tecnológico, o homem libertou-se desse medo constante da própria existência. Sentindo-se mais seguro no mundo e também consigo mesmo, o homem pôde então questionar a validade das imagens que ele usara no passado como recursos para a explicação. A partir daí as projeções "infantis" do homem se desvaneceram, dando lugar a explicações mais racionais (...)

Traduzindo em termos de comportamento humano, quanto mais segura uma pessoa se sentir no mundo, tanto menos ela precisará apegar-se a projeções "pueris" – explicações míticas ou soluções fantasiosas para os problemas eternos da vida – e tanto mais ela terá condições de procurar explicações racionais.[4]

A filosofia, como é conhecida na cultura ocidental, começou no século VI a.C. no litoral da Ásia Menor, onde hoje é a Turquia. Cabe perguntar a um recapitulacionista como Bettelheim: "Quando, no desenvolvimento da criança, se espera que ela recapitule os primórdios da filosofia?" Se a resposta for "não antes da puberdade, quando a criança adquire a capacidade do pensamento abstrato", devo dizer que, pelo que eu saiba, crianças de cinco, seis ou, talvez, sete anos têm uma tendência muito maior a fazer perguntas filosóficas e comentários filosóficos do que crianças de doze ou catorze anos. A explicação desse fenômeno é complexa.

Por um lado, está ligada à natureza da filosofia. Existe certa inocência e ingenuidade em muitas questões filosóficas, talvez na maioria delas. É uma coisa que os adultos, inclusive alunos universitários, têm de cultivar quando tomam contato com o primeiro livro de filosofia. É uma coisa espontânea nas crianças.

---

4. *Ibid.*, p. 51.

A FILOSOFIA E A CRIANÇA

A outra parte da explicação está ligada ao processo de socialização da nossa sociedade, que transforma crianças em adultos. Os adultos desestimulam as perguntas filosóficas das crianças. Primeiramente, tratando-as com superioridade e, depois, desviando essas mentes inquisitivas para indagações mais "úteis". A maioria dos próprios adultos não se interessa por questões filosóficas. Talvez se sintam ameaçados por algumas delas. Além disso, a maioria dos adultos não se dá conta de que há perguntas feitas por uma criança a que eles não podem dar uma resposta definitiva e cuja resposta não se encontra em dicionários comuns nem em enciclopédias.

Portanto, é pouco plausível achar que as crianças recapitulem os primórdios da filosofia na puberdade. Seria muito antes, então, digamos, aos cinco ou seis anos? Um recapitulacionista que suponha que uma criança recapitula os primórdios da filosofia nessa idade precisa ter muito mais respeito do que Bettelheim tem pela mente de crianças pequenas. Só consigo supor que ele seja um recapitulacionista que omitiu a filosofia do desenvolvimento da raça humana, e portanto do desenvolvimento da criança como indivíduo[5].

---

5. O que se tem para dizer sobre Piaget é muito mais complicado. Embora em seu antigo "Children's Philosophies" e em outros textos ele trace paralelos entre o raciocínio das crianças e o pensamento de filósofos antigos, ele diz que "não se pode falar, senão metaforicamente, da filosofia da criança" (ver cap. 5, n. 1). Além disso, como tentei demonstrar no capítulo 4, Piaget, em *A representação do mundo na criança*, mostra-se arredio à dúvida filosófica e assim, o que não é de surpreender, arredio ao pensamento filosófico genuíno de crianças pequenas. Estranhamente, o que Piaget afirma sobre a adolescência insinua que a filosofia genuína deva surgir primeiro na puberdade. Por exemplo: "Comparado a uma criança, o adolescente é um indivíduo que constrói sistemas e 'teorias'. A criança não constrói sistemas. Os que ela possui são inconscientes ou pré-conscientes, no sentido de que não são formuláveis ou formulados; por isso, apenas um observador externo pode compreendê-los, enquanto a própria criança nunca 'reflete' sobre eles. Em outras palavras, ela pensa concretamente, ela

FANTASIA

A opinião de Bettelheim de que as crianças pequenas são e têm de ser pessoas primitivas sem intelecção torna-se aparente na dicotomia elementar que ele utiliza em *Psicanálise dos contos de fada*: a dicotomia entre contos de fada e histórias realistas. Devo enfatizar que tenho pelo menos parte do entusiasmo de Bettelheim pela riqueza psicológica e existencial de muitos contos de fada. Também tenho um pouco do seu desprezo pela pobreza literária, psicológica e existencial de muitas das chamadas histórias realistas. Fico estarrecido, no entanto, que uma pessoa que escreva sobre literatura infantil possa supor que essa área esteja exatamente dividida entre contos de fada repletos de *insights* psicológicos e de estímulos para a autodescoberta e histórias realistas que não têm nenhum significado real para a vida da criança. E as histórias de aventura? E as histórias de detetives? E os contos de fantasmas? As biografias? A poesia? Os contos fantásticos? As histórias reais?

As histórias infantis abordadas no capítulo 5 fazem parte da literatura de ficção, embora não sejam contos de fada. Chamei esse estilo de "fantasia filosófica". Talvez eu

---

lida com cada problema isoladamente e não associa suas soluções por meio de teorias genéricas das quais possa abstrair um princípio comum. Ao contrário, é perceptível no adolescente seu interesse por problemas teóricos não relacionados com a realidade cotidiana (...). É particularmente surpreendente sua facilidade para elaborar teorias abstratas. Alguns escrevem; eles podem criar uma filosofia, um sistema político, uma teoria estética ou o que for. Outros não escrevem; falam (...). Até essa idade (onze-doze), as operações intelectuais são unicamente 'concretas' (...). Se se pede a uma criança dessa faixa etária que raciocine sobre hipóteses simples, propostas oralmente, ela imediatamente se sente abalada e regride para a intuição pré-lógica da criança pré-escolar." ("The Mental Development of the Child", em *Six Psychological Studies*, org. David Elkind [Nova York: Vintage Books, 1978], pp. 61-2). [*Seis estudos de Psicologia*, Rio de Janeiro, Forense, 1967.] Acho difícil levar a sério essas afirmações. Só posso oferecer os casos que abordo neste livro como prova de que as afirmações de Piaget são descabidas.

pudesse chamá-las de "histórias de aventura intelectual". O que eu quero dizer é que elas nos incitam a avaliar situações diferentes da nossa experiência diária, até mesmo mundos diversos daquele que nos é familiar – ou seja, participar do que os filósofos chamam de "exercícios de idéias" (*Gedankenexperimente*). Os exercícios de idéias são sempre uma boa maneira de traçar relações conceituais e refletir sobre enigmas filosóficos. É a isso que essas histórias incitam os leitores.

Talvez sejam necessários mais alguns exemplos de histórias de aventura intelectual, apresentadas de um modo que realce seu caráter de exercício de idéias ou de uma série de exercícios de idéias.

UM EXEMPLO bem simples do tipo de fantasia a que me refiro é *Morris the Moose*, de B. Wiseman. A história começa assim:

> Um dia Morris, o Alce, viu uma vaca ...
> Ele disse: "Você é um alce de cara engraçada!"
> A vaca disse: "Eu sou uma VACA. Não sou ALCE coisa nenhuma!"
> "Você tem quatro patas e um rabo e umas coisas na cabeça. VOCÊ É UM ALCE!"
> "Mas eu digo MU!"
> Morris disse: "Eu também sei dizer MU!"
> A vaca disse: "Eu dou LEITE para as pessoas. OS ALCES NÃO FAZEM ISSO!!!"
> "Então, VOCÊ É UM ALCE QUE DÁ LEITE PARA AS PESSOAS!!"
> A vaca disse: "Minha MÃE é uma vaca!"
> "Ela tem de ser um ALCE, porque VOCÊ É UM ALCE!"[6]

---

6. B. Wiseman, *Morris the Moose* (Nova York: Scholastic Book Services, 1973), sem numeração de página.

FANTASIA

Morris e a vaca encontram um veado, que acha que eles são cervos. Então Morris, a vaca e o veado aproximam-se de um cavalo, que os cumprimenta: "Olá, seus cavalos!"

O exercício de idéias dessa história é simples e ao mesmo tempo profundo. Suponham que alguém chamasse um veado de vaca, ou um cavalo de veado. Qual seria o erro? Haveria algum erro?

Colocado de modo bem amplo, o problema é diferenciar as características essenciais das acidentais. Uma característica essencial de Morris é aquela que ele não pode perder sem deixar de existir e também, talvez, aquela que ele não poderia deixar de ter. Ao contrário, uma característica acidental é aquela que ele pode perder sem deixar de existir e aquela que ele poderia nunca ter tido.

"Ter umas coisas na cabeça" é essencial para um alce, como Morris? Se for, então um cavalo definitivamente não é um alce. Mas, se "ter umas coisas na cabeça" for somente acidental, então Morris pode ser um cavalo com chifres, ou o cavalo ser um alce "careca".

O problema das características essenciais e acidentais é um problema de metafísica. Pode também ser formulado como uma questão de taxonomia, a classificação das coisas. Existe uma maneira correta de classificar as coisas? Se existe uma só maneira correta, como sabemos qual é essa maneira? (A pergunta nos leva à epistemologia.)

Para que se possa discutir a taxonomia biológica com qualquer grau de minúcia, é preciso saber bastante de evolução e de diversidade do mundo biológico, inclusive, entre outras coisas, quem acasala com quem. Os princípios da taxonomia e as questões filosóficas que eles suscitam podem, todavia, ser também discutidos com exemplos que não da biologia.

Uma noite, durante o jantar, apresentei um problema à minha família:

Que perguntas vocês conseguem pensar que sejam como estas duas?
Uma bicicleta é um triciclo sem uma das rodas?
Uma cobra é um lagarto sem pernas?

As respostas vieram rápido:

Uma bicicleta é uma motocicleta sem motor?
Uma cadeira é uma cadeira de balanço sem a base arqueada?
Uma saia é um vestido sem a parte de cima?
Uma limonada é uma caipirinha sem cachaça?
O estrume de cavalo é um fertilizante sem utilidade?
Um antropóide é um macaco sem o rabo?
Um rato é um morcego sem asas?

Perguntas esdrúxulas como essas podem dar início a um debate sério sobre problemas práticos e filosóficos de taxonomia. E um exercício de idéias maravilhoso, como *Morris the Moose*, também pode.

COMO SEGUNDO EXEMPLO de aventura intelectual escolhi uma historinha chamada *How Big Is a Foot?* [Qual o tamanho de um pé?]. É sobre um rei que, incapaz de pensar num presente para sua mulher, a Rainha ("que já tem tudo"), inventa a cama e manda fazer uma para lhe dar conforto. Quando perguntam ao Rei qual o tamanho da cama, ele faz a Rainha deitar-se no chão e, depois de tirar as medidas com os pés, diz: "Seis pés por três pés". Por infelicidade, os pés do carpinteiro são muito menores que os do Rei, e então a cama, de seis pés de carpinteiro de comprimento por três pés de carpinteiro de largura, fica muito pequena para a Rainha[7].

---

7. Rolf Myller, *How Big Is a Foot?* (Bloomfield, Conn.: Atheneum, 1962), sem numeração de página.

FANTASIA

Desta vez o exercício de idéias é imaginar um mundo em que não haja medidas padronizadas.

O conceito de paradigma – por exemplo, um pé padrão que, espera-se, tenha necessariamente um pé de comprimento, da mesma forma que o padrão da jarda do Instituto de Pesos e Medidas de Washington tem, espera-se, necessariamente uma jarda de comprimento – levantou questões filosóficas interessantes desde Platão. A idéia de um pé-paradigma (na história, um pé de mármore executado por "um famoso escultor") é uma das razões de *How Big Is a Foot?* ser filosoficamente tão interessante, mas apenas uma delas.

Ao ler recentemente a história para duas crianças de seis anos, Abby e Heather, deparei com esta passagem:

> Quando estava chegando o aniversário da Rainha, o Rei se viu numa enrascada:
> O que ele poderia dar para Alguém que tinha Tudo?
> O Rei pensou e pensou e pensou.
> Até que, de repente, ele teve uma idéia!
> ELE DARIA UMA CAMA PARA A RAINHA.
> A Rainha não tinha cama porque naquele tempo as camas não haviam sido inventadas.
> Então, mesmo Alguém que tinha Tudo... não tinha uma cama.

Conversei com Abby e Heather sobre o significado de "inventar". "É ter uma idéia de fazer uma coisa que ninguém fez antes", disse para eles.

Abby: Você quer dizer que não havia cama nenhuma na época?
Eu: Cama nenhuma.
Heather: Mas então a Rainha não tinha tudo se ela não tinha uma cama.

Abby (concordando): Não, ela não tinha tudo.
Abby (depois de refletir e começar a mudar de idéia): É, talvez ela tivesse *mesmo* tudo, se as camas não tinham sido inventadas.
Heather: Não, ela não tinha cama, então ela não tinha tudo.
Abby: Bom, pode ser que ela tivesse tudo que *existia*.

Será que todas as vezes que "tudo" aparece sem um qualificativo ele contém um qualificativo implícito? Será que a Rainha, por ter tudo, tinha tudo que existia na época? Talvez, o que é mais plausível, ela tivesse todo *tipo* de coisa que ela *queria* e que existia *naquela época*. Russell afirmou uma vez que "a concepção de totalidade das coisas, ou de todo o universo de entes e seres, é de certa forma imprópria e intrinsecamente contrária à lógica"[8]. Se é assim, talvez seja correto supor que "tudo" está sempre qualificado pelo menos implicitamente. Embora a Rainha não tivesse uma cama, ela tinha tudo, quer dizer, como Heather sugeriu, tudo o que existia (e, poderíamos acrescentar, que ela queria).

NO COMEÇO de *Ozma of Oz*, outra das histórias de aventura intelectual de Baum, Dorothy e sua companheira, uma galinha falante chamada "Billina", são náufragas numa ilha estranha. Lá elas dão com uma velha árvore:

> [Ela] estava cheia de caixas quadradas, que cresciam em cachos em todos os ramos, e sobre as caixas maiores e mais maduras estava escrita a palavra "Almoço" com letras nítidas em relevo. Essa árvore parecia produzir o ano inteiro, porque havia brotos de marmita em alguns galhos, e em

---

8. Bertrand Russell, *Principles of Mathematics* (Nova York: W. W. Norton, [1903]).

outros, marmitas pequenininhas que ainda estavam muito verdes e obviamente não estavam boas para comer enquanto não crescessem.

As folhas dessa árvore eram todas guardanapos, e ela tinha uma aparência ótima para a garotinha faminta.[9]

Dorothy apanha uma marmita da árvore. Lá dentro encontra um sanduíche de presunto, um pedaço de pão-de-ló, picles, uma fatia de queijo fresco e uma maçã. Segue-se uma conversa sobre aquela marmita estar ou não bem madura.

A inspiração desse exercício de idéias pode ter sido uma reclamação irritada como "e você acha que almoço dá em árvore?" Seja como for, a intenção é óbvia: imaginar um mundo onde a mais trivial das criações do homem, a marmita (completa, com sanduíche de presunto e tudo o mais), é um produto da natureza. Baum leva-nos a refletir sobre o que um processo orgânico poderia e não poderia produzir.

O tema do livro, pode-se dizer, é a diferença entre o natural e o artificial. Esse tema é ainda mais desenvolvido quando Dorothy e sua amiga encontram habitantes esquisitos da ilha, chamados de "rodantes". O rodante é descrito desta forma:

> Ele é parecido com um homem, só que que ele anda, ou melhor, rola, sobre os quatro membros, e as pernas têm o mesmo comprimento dos braços, fazendo lembrar as quatro patas de um bicho. Mas o que Dorothy havia descoberto não era bicho nenhum, porque eles eram muito bem vestidos com roupas bordadas de muitas cores e usavam

---

9. L. Frank Baum, *Ozma of Oz* (Chicago: Rand McNally, 1907), p. 27.

um chapéu de palha encaixado com elegância na lateral da cabeça. Mas eram diferentes dos seres humanos porque, em vez de mãos e pés, despontavam rodas na ponta dos braços e das pernas, e com as rodas eles rodavam pelo chão com muita rapidez. Mais tarde Dorothy descobriu que essas rodas esquisitas eram da mesma substância dura que forma nossas unhas das mãos e dos pés, e soube também que os seres dessa raça estranha já nasciam desse jeito esquisito.[10]

A roda é uma das invenções mais fundamentais do homem. Ela não imita a natureza. Não existe roda na natureza. Por que não? Baum obviamente está intrigado com esse fato e faz seus leitores pensarem nisso também.

Dorothy e sua amiga encontram mais adiante um homem mecânico desligado, em cuja etiqueta se lê:

SMITH & TINKER'S
HOMEM MECÂNICO

de Dupla Ação, Super-Sensível, Pensamento Próprio,
Fala Perfeita, Patenteado

Vem com nosso Dispositivo Mecânico especial para dar corda. Pensa, Fala, Se Mexe e Faz de Tudo menos Viver[11].

Há instruções para usar o homem mecânico:
Para PENSAR: Dê corda no Homem Mecânico sob o braço esquerdo (marcado com nº 1)
Para FALAR: Dê corda no Homem Mecânico sob o braço direito (marcado com nº 2)

---

10. *Ibid.*, p. 32.
11. *Ibid.*, p. 43.

FANTASIA

Para ANDAR e SE MEXER: Dê corda no mecanismo no meio das costas (marcado com nº 3)[12]

Depois de acabar com a distinção entre organismos e produtos feitos pelo homem, de modo que as árvores possam produzir marmitas e seres de quatro patas possam ter rodas, Baum passa a imaginar que uma coisa anunciada como um produto sem vida poderia funcionar como um ser humano pensante. Esse *Gedankenexperiment* é fascinante e enriquecedor para a filosofia. Leva-nos a imaginar se seria possível construir um robô que pensasse. Se for possível, o que comprovaria que ele pensa em vez de simplesmente simular o comportamento de seres pensantes, inclusive o comportamento verbal? Se não for possível, por que não seria? Baum quase faz essas perguntas:

"No que eu devo dar corda primeiro?", perguntou ela, olhando de novo para as instruções no cartão.

"No Número Um, acho eu", respondeu Billina. "Esse o faz pensar, não é?"

"Sim", disse Dorothy, e deu corda no Número um, sob o braço esquerdo.

"Ele não parece ter mudado nada", observou a galinha em tom de crítica.

"Ora, claro que não; ele agora está só pensando", disse Dorothy.

"Eu me pergunto em que ele está pensando."

"Vou dar corda na fala dele, e aí talvez ele possa contar para nós", disse a menina.

Então ela deu corda no Número Dois, e imediatamente o homem mecânico disse, sem mover nenhuma parte do corpo, só os lábios:

---

12. *Ibid.*, p. 44.

"Bom di-a, meni-ninha. Bom di-a, Dona Galinha."

As palavras soaram um pouco roucas e metálicas e foram todas pronunciadas no mesmo timbre, sem nenhuma mudança de entonação; mas Dorothy e Billina as entenderam perfeitamente[13].

A história de Baum está repleta de aventuras, e boa parte dela apela ao intelecto. Somos levados a explorar um mundo de fantasia de uma maneira que nos conduz naturalmente a uma exploração conceitual do mundo real que nos cerca. Será que uma marmita, ou quem sabe até uma marmita com "almoço" escrito do lado, pode ser produto da natureza? Será que uma seqüência que lembrasse a palavra "almoço", caso crescesse naturalmente numa árvore como frutos comestíveis, significaria "almoço"? E será que um homem mecânico que não tem vida poderia pensar? Baum coloca essas perguntas e muitas outras, algumas com o mesmo teor filosófico, ao mesmo tempo que conta uma história fantástica.

BETTELHEIM, EM *Psicanálise dos contos de fada*, apresenta uma interpretação freudiana adequada para cada conto de fada de que já se ouviu falar e para muitos de que nunca se ouviu falar. Como exercício de crítica literária freudiana, o livro de Bettelheim é uma obra de mestre.

Talvez Bettelheim pudesse dar uma interpretação freudiana para *Ozma of Oz*. Mas, mesmo que *Ozma of Oz* tivesse uma interpretação psicanalítica, seu valor não se esgotaria. Uma interpretação dessas tampouco seria suficiente para explicar o lugar aparentemente cativo das histórias de Oz na literatura infantil. Para isso também contribui o

---

13. *Ibid.*, p. 46.

fato de as histórias serem fábulas maravilhosas de aventura intelectual.

As crianças pequenas sem dúvida são, como assinala a obra de Bettelheim, seres emocionais. Mas são mais que isso. Elas são, e têm o direito de ser, seres racionais também. Uma criança cujo cardápio literário inclua contos de grande teor emocional mas nenhum conto de aventura intelectual é prejudicada e privada de uma forma que Bettelheim não conseguiu avaliar.

7. Ansiedade

ALGUNS LEITORES devem agora estar intrigados com a idéia de responder filosoficamente aos comentários ou perguntas filosóficas de crianças. Mas como é que se faz isso? Não é necessário ter noções de filosofia?

Filosofar com uma criança ou com qualquer outra pessoa é simplesmente refletir sobre uma perplexidade ou um problema conceitual de certa espécie para ver se se pode desfazer a perplexidade ou solucionar o problema. Às vezes se consegue; geralmente não. Às vezes, o esclarecimento de uma coisa só torna óbvia a dúvida atroz da pessoa sobre outra coisa.

Os filósofos de profissão aprendem técnicas para lidar com problemas filosóficos. Sem dúvida, o uso de técnicas especiais pode ajudar muito. No entanto, os filósofos podem ficar tão envolvidos com as técnicas a ponto de perder de vista as questões e as perplexidades que motivaram as técnicas. Assim, a habilidade no uso de técnicas especiais para abordar questões filosóficas pode ser um trunfo ou então um empecilho.

Os filósofos também estudam o que outros filósofos escreveram para saber o que eles têm para dizer sobre problemas e perplexidades filosóficas. Numa situação ideal, uma boa pesquisa da literatura sobre determinada questão proporciona um material rico para apresentar respostas e soluções próprias. Mas nem sempre é assim. Às vezes, os filósofos preocupam-se tanto em esclarecer os pontos de vista de outros que chegam a perder a fascinação que eles mesmos tinham pelos problemas. Além disso, sentem-se tão intimidados pela força do que seus ilustres predecessores disseram sobre determinado assunto que perdem a segurança de descobrir alguma coisa que valha a pena dizer.

Assim, embora ser especialista tenha indubitavelmente suas vantagens, o que prometia ser um trunfo pode mostrar-se ou tornar-se um empecilho. Em todo caso, o embaraço do filósofo amador ao filosofar não é maior que o do tenista amador ao jogar tênis. Acima de tudo, não se deve deixar que a suposição de que uma mente privilegiada já fez o raciocínio que se está por fazer atrapalhe a própria empolgação de fazê-lo.

A bagagem necessária para fazer filosofia é essencialmente a compreensão que qualquer pessoa com domínio satisfatório da língua e dos conceitos que ela expressa já tem – além de muita paciência e vontade para refletir até mesmo sobre as questões (aparentemente) mais simples e fundamentais que existam.

O sucesso ao fazer filosofia com crianças depende de a pessoa livrar-se de todas as defesas. Fico constrangido se não conseguir dizer ao meu filho como se soletra "tonsilectomia" ou como se convertem graus Fahrenheit em graus Celsius. Mas eu não deveria ficar constrangido em admitir que ainda não fiz uma análise do conceito de mentira ou que não tenho uma resposta boa, adequada para a pergunta "onde ficam os sonhos?". Ao contrário, eu deveria simplesmente pedir a ajuda da criança para que juntos chegássemos a uma resposta satisfatória.

A mistura de ativos e passivos que um adulto leva para uma conversa filosófica com uma criança contribui para um relacionamento muito especial. O adulto tem um domínio da língua superior ao da criança e pelo menos o potencial para dominar com mais segurança os conceitos expressos pela língua. Todavia, é a criança quem tem olhos e ouvidos atentos para a perplexidade e a incongruência. As crianças também costumam ter um grau de franqueza e espontaneidade difícil de encontrar nos adultos. Já que cada lado tem uma contribuição importante a dar, a conversa pode transformar-se facilmente numa empreitada conjunta autêntica, o que é muito raro encontrar nas conversas entre adultos e crianças.

Certos adultos não estão preparados para encarar uma criança sem pressupor automaticamente sua superioridade em conhecimento e experiência. Outros, porém, podem ver com bons olhos a oportunidade de explorar, mesmo que por poucos minutos, uma pergunta em que eles nem teriam pensado não fosse o interesse e a curiosidade evidentes da criança.

Aqui eu preciso fazer uma advertência. Supero até agora que os comentários e as perguntas sobre os quais discorri partiram de crianças emocionalmente sadias e seguras. Tal suposição pode ser infundada. Mesmo uma criança que é geralmente confiante e segura pode ter momentos de ansiedade e manifestar essa ansiedade por meio de comentários ou perguntas filosóficas. O adulto, seja um dos pais, um professor ou um amigo, deve estar atento para essa possibilidade. É claro que não se deve responder a comentários como se eles tivessem surgido do nada. Às vezes, uma demonstração de interesse afetivo deve constar da resposta do adulto; e às vezes o adulto deve deixar de lado a filosofia para se concentrar nos problemas emocionais da criança.

Quase sempre, porém, o adulto tem bons motivos para estar certo de que a criança é bem capaz de tratar o assunto em questão desapaixonadamente. Mesmo quando se suspeita de que o comentário ou a pergunta têm uma carga emocional considerável, dar atenção à pergunta, mais do que simplesmente encará-la como uma manifestação emocional, pode ser uma demonstração da devida consideração pela criança como um ser humano perfeitamente capaz.

Esta pergunta, por exemplo, é daquelas que devem ser tratadas com cautela:

> JOHN (seis anos), refletindo sobre o fato de que, além de livros, brinquedos e roupas, ele tem dois braços, duas pernas e uma cabeça e de que tudo isso são *seus* brinquedos, *seus* braços, *sua* cabeça e assim por diante, perguntou: "Qual das minhas partes é realmente eu?"

Essa pergunta foi feita pouco depois da morte do cachorro da família. Provavelmente John esteve pensando sobre morte, sobrevivência e identidade pessoal. Ele sem dúvida chegou à conclusão de que uma pessoa pode perder um braço e um cachorro pode perder uma perna sem que a pessoa ou o cachorro deixem de existir. John parecia interessado, a julgar pelo que conversei com ele na época, em saber se existe uma parte da gente que se pode perder sem morrer.

Talvez a criança que formule uma pergunta como essa não esteja suficientemente segura para travar uma conversa imparcial sobre a questão da identidade e da sobrevivência. Isso não quer dizer que a pergunta deva ser evitada ou ignorada. Se a criança está transtornada, a evitação só vai aumentar a ansiedade.

Caso se trate de um dos pais da criança, as crenças religiosas podem entrar em jogo nesse momento. Caso a pessoa não tenha um credo ou não seja um dos pais da criança, outro tipo de reconforto talvez seja mais adequado. Porém, é bom lembrar que o que um adulto imagina que seja reconforto pode na verdade ter o efeito oposto. Em muitos casos é melhor analisar francamente a pergunta, seja qual for a resposta adequada.

Há em todos nós, sem dúvida, uma propensão para a angústia existencial. Às vezes o nosso esforço em evitar que as crianças pensem na morte simplesmente mascara um esforço para proteger a nós mesmos[1].

A pergunta de John é bastante sugestiva. Vou analisar apenas duas das várias linhas de raciocínio que ela sugere.

John é, com certeza, inteiramente distinto de seus brinquedos, livros e até das roupas que ele está vestindo. O que John é realmente, poderíamos dizer, é só (como escreveu certa vez um aluno meu) o que ele leva consigo para o banho.

Suponhamos, porém, que as unhas e o cabelo de John sejam aparados. Quando jogamos fora os pedaços de unha ou varremos as mechas de cabelo, estamos jogando fora ou varrendo uma parte de John? Não, esses pedaços não mais fazem parte de John. Deixaram de fazer parte dele quando foram aparados.

O braço direito de John é o braço *dele* e a cabeça é a cabeça *dele*. Para uma coisa pertencer a John, ela não precisa ser inteiramente distinta e separada dele? E, se for assim, ele não é bem distinto e separado de seus braços, suas pernas, sua cabeça, na verdade, do corpo? Não seria ele, na verdade, a alma que possui seu corpo? Se for, então ele talvez possa perder não só os pedaços de unha e as mechas de cabelo, mas também o corpo inteiro.

Para muitas pessoas é assim. Na verdade, isso pode fazer parte de sua crença religiosa. Talvez fosse bom contar a John da existência dessa fé.

---

1. Às vezes, a ansiedade que acreditamos detectar nas crianças é uma projeção da nossa própria ansiedade. É interessante recordar a resposta de Michael, no capítulo 1, quando lhe perguntaram sobre a morte.

A FILOSOFIA E A CRIANÇA

Também vale a pena observar, contudo, que simplesmente ser capaz de falar com correção de "meu corpo" não implica que eu seja algo separado do meu corpo. Seria necessário fazer uma análise muito mais aprofundada.

Pensem nesta analogia. (Em filosofia é sempre proveitoso levar em conta as analogias.) Suponham que temos uma mesa simples de quatro pernas. Aqui é o tampo *dela*, aqui são as pernas *dela*. O que é "ela"? Para ser uma mesa só são necessários o tampo e as pernas. Em todo caso, o fato de podermos falar corretamente de "seu tampo" e de "suas pernas" não implica que a mesa seja uma coisa separada e distinta de seu tampo e de suas pernas. (É óbvio que tudo isso poderia ser esclarecido numa conversa com John.)

O chamado pronome "possessivo" ("seu", "sua", "dele", "dela") pode, claro, expressar uma relação de posse ("sua comida", "os brinquedos dela", "os livros dele"). Mas esses pronomes podem também ser usados para expressar a relação do todo com a parte ("seu tampo", "a cabeça dela", "sua perna"). Da mesma maneira, o verbo "ter" pode ser usado para expressar uma relação de posse ("John tem um brinquedo"). Mas pode também ser usado para expressar a relação do todo com a parte ("esta mesa tem um tampo"). Mais uma vez, tudo isso poderia vir à tona numa conversa com John.

A pergunta de John – "Qual das minhas partes é realmente eu?" – continua sem resposta. O que se poderia dizer?

Mencionei antes que John parecia estar pensando sobre que partes se pode perder sem deixar de existir. Essa linha de raciocínio poderia facilmente cair numa argumentação de substituição parte por parte. Que parte de uma pessoa ou coisa é tal que, se for substituída, a pessoa ou a coisa originais deixariam de existir? O que já foi dito sobre o Homem de Lata e o navio de Teseu é, claro, inteiramente pertinente a essa nova pergunta.

A mesa também é bastante parecida com o navio de Teseu, só que muito mais simples. Aparentemente não existe um momento preciso durante a substituição de cada uma das partes em que seríamos forçados a admitir que a velha mesa deixou de existir.

E quanto a John? Haveria um ponto na substituição sistemática de órgãos e membros em que seríamos forçados a reconhecer que o resultado de uma nova operação será uma nova pessoa? A maioria das pessoas, imagino eu, optaria pelo instante em que o cérebro é substituído. Essa linha de raciocínio leva, assim, a dizer que é o cérebro de John que é realmente John. De acordo com outras conversas que tive com John, acho que ele mesmo aprovaria essa resposta. Quanto a mim, não estou assim tão certo disso.

8. Ingenuidade

KATHERINE (quase quatro anos) ganhou um balão de gás em uma feira. Ela o deixou escapar e ficou muito amolada. À noite, quando já havia ido para a cama, ela chamou a mãe no quarto e perguntou onde estava o balão naquele momento: "Sobre que cidade ele está agora? Será Vermont?" A mãe: "Não sei onde ele está, mas talvez não esteja tão longe quanto Vermont." Katherine: "Sabe, é que não existem *três* céus; só existe *um*."

QUANTOS CÉUS existem? A pergunta é estranha. À primeira vista, é quase como "quantos oceanos existem?" Mas, ao contrário desta pergunta, aquela não pode ser respondida consultando um atlas ou uma enciclopédia. Também se parece um pouco com "quantas luas existem?" Mas nenhum livro de meteorologia ou de astronomia nos dirá quantos céus existem. É uma pergunta maluca.

A United Airlines incita-nos a "voar pelos céus amistosos da United" sem nos dizer quantos céus existem ou até mesmo quantos céus constam de suas rotas.

Diferenciamos os céus de várias maneiras. Referimo-nos ao céu da manhã e ao céu noturno; podemos dizer que o céu da manhã está nublado e o céu noturno, claro. Um mapa celeste pode representar o céu de verão e o céu de inverno, ou ainda um céu de verão nas latitudes setentrionais à meia-noite, ou logo depois do anoitecer. Pode-se dizer que os céus da Escócia são muito diferentes dos céus do Mediterrâneo.

Qual é o conceito expresso nessas frases? Talvez seja, primeiramente, a idéia de um hemisfério visível acima do observador em certo local e momento e, secundariamente, os elementos visíveis desse hemisfério. Quando se entende que "céu" expressa a idéia de uma abóbada visível sobre certo ponto da superfície terrestre, podemos dizer que existem muitos, muitos céus diferentes, na verdade em número infinitamente grande.

Há também uma tendência de dizer que o céu é a camada de atmosfera que envolve a Terra acima do nível das construções. Qualquer coisa que deixe o chão e suba acima das construções e das árvores dirige-se para o céu. Quando "céu" é usado para expressar essa acepção, só existe um céu.

Numa variação da última idéia, o céu é o espaço de ar à volta da Terra acima do nível das construções. Quando se entende que "céu" expressa essa idéia, pode-se dizer que uma abertura nas nuvens permite ver o céu.

Eu disse antes que a pergunta "quantos céus existem?" é maluca. Mesmo assim dei uma resposta sobre tipos de céu. O tipo de resposta que eu estava dando é filosófico – no mínimo, é o início de uma resposta filosófica. Iniciei um esboço de dois ou três conceitos que "céu" pode expressar. Usando um desses conceitos, podemos concordar com Katherine em que não existem três céus, mas apenas um. Usando outro, diríamos que existe um número infinito de céus.

A preocupação de Katherine com o número de céus foi abordada por Aristóteles, que se dispôs a provar que existe apenas um céu. Ele também disse que *uranos*, a palavra grega para céu, ou para os céus, possui três sentidos (*On the Heavens* [Dos céus] 278b10). Embora parte do que Aristóteles discute em *On the Heavens* pertença atualmente à área da física, da química e da astronomia, o mesmo não acontece com a preocupação de Katherine.

As pessoas geralmente não perguntam a si mesmas e a outras quantos céus existem. Elas aprendem bem cedo que essa pergunta, ao contrário de "quantos oceanos existem?", é maluca.

As crianças como Katherine ainda não sabem que essa pergunta foge aos padrões. Elas deparam com a filosofia mais por inocência que pelo cultivo da ingenuidade a que os adultos se limitam. Elas ainda não aprenderam a tachar de esquisitas e ilegítimas as perguntas que os filósofos aprenderam a resgatar do cesto de lixo de indagações.

Vou tentar comparar essa questão sobre inocência e filosofia com uma sobre inocência e poesia.

No capítulo 1 de *A representação do mundo na criança*, Piaget conta ter perguntado a crianças de seis a dez ou onze anos se as palavras são fortes[1]. Ele espera que elas digam "sim, algumas palavras são fortes", por volta dos seis anos, e "não, as palavras não são fortes", aos dez ou onze anos de idade. Ele espera que respondam dessa maneira por pensar que, no começo, elas confundem a palavra com seu significado, o signo com a coisa representada, e que só mais tarde aprendem a dominar e valorizar essa importante distinção. Assim, ele acredita que elas confundirão a palavra "vento" com o vento e, notando que o vento é ou pode ser forte, concluirão que a palavra "vento" é ou pode ser forte. Piaget espera que elas se desvencilhem disso paulatinamente até que possam dizer

---

1. Piaget, *Child's Conception of the World*, pp. 55-60.

que, embora as palavras em si não sejam fortes, algumas das coisas que a palavras representam são fortes.

As palavras *são* fortes? Algumas sim. Um comprador zangado pode reclamar com o gerente de uma loja com termos fortes, ou até com termos muito fortes. Uma professora de inglês pode dizer a seus alunos que é preferível empregar as palavras anglo-saxônicas às de origem latina, com o argumento de que estas últimas são fracas e as anteriores, fortes. E ela estaria certa. Palavras curtas tendem a ser fortes; as longas, fracas.

"Forte" é, em si, uma palavra forte, mas não por significar forte. Uma das crianças entrevistadas por Piaget, na verdade, ressaltou que a palavra "forte" é forte, mas parece que ela não teve a oportunidade de explicar por que quis dizer isso.

Além de ser uma palavra forte, "forte" tem uma gama incrivelmente complexa de acepções e empregos. Entre as muitas coisas de que se pode dizer corretamente que são fortes estão os touros, os halterofilistas, a luz do sol, as cores, o chá, os argumentos, as convicções, as crenças, os mercados de certos produtos, as expressões e as marés.

Os adultos supõem, naturalmente, que "forte" tem um único sentido literal básico e uma profusão de sentidos figurados e que os figurados talvez possam ser entendidos reportando-se ao literal. Imagino que Piaget tenha suposto isso. Talvez um campeão de halterofilismo seja forte no sentido literal, enquanto os termos de um comprador zangado e um chá possam ser fortes só em sentido figurado.

Na verdade, é extremamente difícil enumerar e classificar todos os sentidos de uma palavra cheia de significados e forte como "forte". Também é difícil apenas dizer exatamente quais empregos são literais e quais são figurativos. E talvez nem seja possível apontar da maneira correta de que forma os supostos usos figurados relacionam-se com os supostamente literais.

A distinção entre literal e figurado, da qual talvez ninguém consiga fazer uma descrição clara e coerente, é daquelas a que aprendemos a nos acostumar desde pequenos. Ao nos acostumarmos a ela, perdemos boa parte da curiosidade natural sobre as maneiras maravilhosamente complexas pelas quais os significados de uma palavra relacionam-se entre si.

Uma criança pequena pode achar surpreendente que tanto um cavalo como um chá possam ser chamados corretamente de fortes. Se tiver oportunidade ou estímulo, a criança talvez escreva um poema que explore ou destaque esse fato curioso. Ou, se tiver outro tipo de estímulo ou inclinação, a criança pode fazer uma reflexão filosófica sobre se as palavras fortes são aquelas que expressam sentimentos fortes ou se os sentimentos fortes são aqueles que levam as pessoas a tomar atitudes enérgicas. Uma criança que assimile, por influência da sociedade, a tese embotadora de que muitos usos das palavras são simplesmente figurados ou metafóricos perde o fascínio pela inter-relação das palavras que inspira a poesia e anima a filosofia.

O adolescente ou o adulto que escreva poemas ou se dedique à filosofia precisa cultivar a inocência para ser capaz de se intrigar com as maneiras mais elementares que temos de dizer e ver as coisas e meditar sobre elas. A inocência cultivada tem muitas vantagens sobre a inocência espontânea. Uma delas é que ela não é tão facilmente abalada pela ostentação de erudição. Porém, a inocência cultivada não é a mesma coisa que a inocência espontânea. Essa é ao menos uma das razões por que a poesia das crianças difere da poesia dos adultos, e ao menos por essa razão a filosofia das crianças não pode ser exatamente igual à filosofia dos adultos.

A FILOSOFIA E A CRIANÇA

Ao argumentar que a filosofia é importante para a vida e a sociedade modernas, Robert Spaemann afirma que concebemos a filosofia como "ingenuidade institucionalizada"[2]. Institucionalizar a ingenuidade significa provavelmente propiciar um ambiente institucional em que as pessoas sejam incentivadas a fazer perguntas tão elementares que o envolvimento com elas soe às vezes ingênuo demais para todos nós, ou, para alguns de nós, sempre ingênuo demais. Entendo que a afirmação de Spaemann seja muito pertinente em vários aspectos.

Primeiro, ela revela em parte o porquê da dificuldade de dar espaço para a filosofia em nossa sociedade. Os filósofos dão a impressão de fazer perguntas que ninguém quer responder e dão a impressão de dizer o que ninguém quer saber. Quem precisa deles?

Segundo, ela ajuda a entender por que é importante dar espaço para a filosofia na sociedade. O refinamento pode produzir um conhecimento maior e, talvez, uma sensibilidade mais apurada. Contudo, pode também provocar a veneração de especialistas, o embotamento da sensibilidade, e premiar a ostentação no pensamento e na linguagem. Toda sociedade precisa de um Sócrates de pés no chão que faça perguntas puerilmente simples (e puerilmente difíceis!), para forçar os membros da sociedade a reexaminar o que eles impensadamente achavam inquestionável.

A afirmação de Spaemann tem ainda uma terceira utilidade. A ingenuidade é natural na criança; prescinde do incentivo institucional. Portanto, pensando na idéia de Spaemann, poderíamos ter como certo que também a filosofia surgisse naturalmente em pelo menos algumas crianças. E isso acontece.

---

2. Robert Spaemann, "Philosophie als institutionalisierte Naivitaet", *Philosophisches Jahrbuch* 81 (1974):139-42.

9. Diálogos

POR EU TER abusado de casos breves ao discorrer sobre a filosofia e a criança pequena, posso ter dado a impressão enganosa de que qualquer atenção que as crianças dêem a questões filosóficas tende a ser intermitente e digressiva. Sem dúvida, a atenção que algumas crianças dão a assuntos filosóficos é descontínua. Mas há indícios contundentes de persistência e continuidade no raciocínio de outras, como demonstram a reflexão e a indagação relativamente constantes de meu filho, John.

Uma noite, durante o jantar, John, então com nove anos de idade, perguntou como sabemos o que significa em francês *la table*. (Ele estava aprendendo francês na escola.)

"Significa 'mesa'", explicou uma de suas irmãs mais velhas.

"Mas como nós sabemos disso?", persistiu John.

"Primeiro, 'la table' é parecido com 'the table' [a mesa, em inglês]", lembrou a irmã.

"Eu sei", respondeu John, "mas mesmo assim podem não ter o mesmo significado. Como nós sabemos que 'la table' significa 'the table'?"

"Olhe no dicionário!", foi a resposta.

John refletiu por um minuto. "Mas como as pessoas que fizeram o dicionário descobriram o que isso significa?"

A irmã de John, que estava iniciando o terceiro ano de línguas estrangeiras, explicou com um ar de paciência estudada que você aprende quando alguém aponta para uma mesa e diz "la table".

John não ficou satisfeito. O contexto, no entanto, dificilmente se prestaria a uma indagação filosófica. A irmã de John, pelo menos naquele momento, não parecia interessada no problema dele. Diante das respostas incisivas que ela dera às perguntas de John, parecia não haver um jeito de levá-la à dúvida sem forçá-la a desmentir-se. Eu queria continuar o assunto com John, mas esperei que ele ficasse sozinho comigo.

Quando estávamos sozinhos no café da manhã do dia seguinte, John deixou claro que não tinha ficado satisfeito com a solução de dar o significado de "la table" apontando para uma mesa, porque ele achava que se poderia entender errado o que havia sido apontado.

"Como se pode saber", perguntou John, "que não é o *tampo* da mesa que o outro cara está apontando, ou talvez a *cor*?"

Conversamos um pouco sobre o que os filósofos denominam "ambigüidade da ostensão" (a ambigüidade de dar o significado de uma palavra ou frase apontando para objetos), e prometi a John que eu leria para ele na hora de dormir um livrinho sobre esse assunto.

Em várias das noites seguintes, John ouviu antes de dormir a leitura de *De magistro* (Do professor), de Santo Agostinho, um diálogo curto e interessante entre Agostinho e seu filho, Adeodato. Há muitos bons diálogos sobre a ambigüidade da ostensão em meio aos dilemas a respeito da língua e do significado. Perto do final de um deles, em que o significado de "passarinhar" deveria ser mostrado por um caçador de passarinhos "fazendo o seu ofício", Agostinho diz justamente que um observador suficientemente inteligente acabaria por descobrir o que é passarinhar e, assim, o que significa a palavra "passarinhar" (10.32). John pareceu ter achado essa resposta satisfatória para as suas preocupações sobre a ostensão. Sendo bem esperto, ponderou ele, vai-se acabar descobrindo o que "la table" significa.

Embora seja certo que com esse *insight* nós não tenhamos resolvido todas as dúvidas justificáveis a respeito da ostensão, De magistro não voltou a fazer parte das leituras noturnas e não houve mais conversas sobre língua e significado durante muitos meses. Noutro dia, eu estava voltando de carro do centro da cidade com John.

"O mundo é gozado", disse ele, sem grande alarde.

"Que bom", respondi. "Assim você vai ter muita coisa para rir."

"Não", disse John, "eu quis dizer que muitas coisas no mundo são gozadas de entender... como as placas de trânsito... VELOCIDADE MÁXIMA 30... Como as palavras significam o que elas significam?"

Em princípio eu não consegui perceber o que John achara intrigante no significado das placas de trânsito. Formulei várias hipóteses, uma após a outra. John não contestou nenhuma delas.

"Veja a palavra 'centro'", disse John enfim. "O que ela significa?"

"Bom, eu posso citar outra palavra parecida", disse eu, "como 'meio'".

"É", disse John, "mas o que significa 'meio'?"

"E se eu lhe der outra palavra que substitua *essa*?"

"Tudo bem", disse John, "mas, se só o que você sabe fazer é dizer outras palavras, como você sabe o que qualquer palavra significa?"

"É esta a sua dúvida?", perguntei. "Suponha que nós entrássemos nas ruínas de uma civilização antiga. Suponha que nos escombros achássemos uma coisa que se parecesse com um dicionário – que tivesse palavras dispostas em ordem e depois delas uma coisa que se parecesse com definições. Nós poderíamos saber que 'ablubaglub' significa 'ribombosa' e que isso significa 'astrial' e assim por diante. Mas, mesmo que você decorasse todos esses significados e pudesse responder o que isto e aquilo significa desfiando todas as definições, ainda assim você não saberia o que nenhuma – *nenhuma* – daquelas palavra significava. É essa a sua dúvida?"

Obviamente, eu dera bastante atenção a esse enigma encantador. Mas não me parecia que seria necessário fazer pressão psicológica para que John reconhecesse que o problema era esse.

"É", disse John, "só substituir as palavras não diz o que as coisas significam".

Concluí por essa conversa que seria bom dar mais uma olhada no *De magistro*. Aparentemente a ostensão voltara a ser problemática para John. Não fosse assim, presume-se, John teria tido a intenção de dizer que nós passamos das palavras para as coisas quando as coisas que essas palavras denominam são apontadas para nós.

Porém, em vez de ler trechos de *De magistro* de novo, achei que podíamos tentar reescrever trechos do diálogo, a fim de revelar as inquietações de John por meio das palavras dele mesmo. Tentamos isso durante várias noites, sempre na hora de dormir. Eu lia um pouco do *De magistro* e depois, juntos, tentávamos fazer uma versão que contivesse exemplos dados por John. Um exemplo do que escrevemos dessa maneira é o seguinte:

John: Para que as palavras são usadas?
Pai: Para dois objetivos, eu acho: para que alguém saiba de uma coisa ou então para nós sabermos de uma coisa.

John: É, está certo, nós usamos as palavras para alguém saber de uma coisa. Quando eu quero que você saiba que estou com fome, eu digo "estou com fome". (Ele fica pensativo.) E, quando eu digo "oi!", eu estou fazendo com que você saiba de uma coisa também.

Pai: Ah! O que você me faz saber quando diz "oi!"?

John: Eu o faço saber que... hã, deixe-me ver... Eu o faço saber que quero dizer "oi!" (Rá-rá!) Não, eu faço com que você saiba que eu gosto de você. Mas para o que mais você disse que as palavras são usadas?

Pai: Para sabermos uma coisa.

John: Como nós fazemos isso?

Pai: Bom, que tal quando nós fazemos uma pergunta? Se eu quiser saber se você está com fome, eu posso perguntar: "Você está com fome?"

John: Mas você não estaria de novo me fazendo saber alguma coisa?

Pai: O que eu estou fazendo com que você saiba?

John: Que você quer saber se eu estou com fome.

Pai: Então você quer dizer que nós usamos as palavras sempre para fazer alguém saber alguma coisa?

John: Sim.

Pai: E cantar? Nós não usamos palavras quando cantamos?

John: Sim, pelos menos às vezes.

Pai: Suponha que você cante: "No McDonald's a gente faz de tudo por você". O que você me leva a saber?

John: Hã... que no McDonald's eles fazem de tudo por você.

Pai: Suponha que você cante, como sempre:

Bate o sino,
O Batman fede,
O Robin bota ovo.
O Batmóvel
Ficou sem ré
O Curinga deu no pé.

O que você está querendo me dizer?

John: Um monte de besteira.
Pai: O que você está querendo que eu saiba é realmente que o sino toca e o Batman fede?
John: Não, eu estou gozando do Batman e do Robin.
Pai: E suponha que você cante uma canção para você mesmo. Você estaria fazendo *você mesmo* saber de alguma coisa? Você não teria de saber primeiro e, nesse caso, não faria sentido dizer para si mesmo?
John: Talvez você esteja dizendo para si mesmo como você canta bem.
Pai: Mas você não pode só estar cantando para se divertir sem querer dizer alguma coisa para si mesmo?
John: Sim, mas aí você está dizendo para si mesmo como você se sente.

Este é o trecho do *De magistro* que nós modificamos:

Agostinho: Qual seria nossa intenção ao usar as palavras?
Adeodato: A resposta que me ocorre agora é que queremos fazer com que as pessoas saibam de uma coisa, ou que queremos saber uma coisa.
Agostinho: Eu concordo de pronto com a primeira, porque é claro que quando usamos as palavras nós queremos fazer com que alguém saiba de uma coisa. Mas de que modo nós demonstramos que queremos saber?
Adeodato: Quando fazemos perguntas, é óbvio.
Agostinho: Mesmo assim, na minha opinião, queremos fazer alguém saber de uma coisa. Você faria uma pergunta por qualquer outro motivo que não fosse para dizer para a pessoa o que você quer saber?
Adeodato: Não.
Agostinho: Então você percebe que quando usamos as palavras não desejamos nada mais que fazer com que alguém saiba uma coisa.
Adeodato: Não só isso, talvez. Se falar significa usar palavras, eu entendo que fazemos o mesmo quando cantamos. E

> nós geralmente cantamos quando estamos sozinhos, com ninguém por perto para nos ouvir; nesse caso, não acho que queremos dizer alguma coisa a alguém.
>
> *Agostinho:* E mesmo assim eu acho que há um tipo de ensinamento, e dos mais importantes, que consiste em lembrar as pessoas de alguma coisa. Acredito que isso ficará claro no decorrer da nossa conversa. Se, entretanto, você não achar que aprendemos ao lembrar, ou que aquele que nos lembra de algo realmente nos ensina, não vou insistir nisso. Eu afirmo que há duas razões para usarmos as palavras, tanto para ensinar quanto para lembrar os outros ou, quem sabe, a nós mesmos. E fazemos o mesmo quando cantamos. Concorda?
>
> *Adeodato:* Não muito. Isso porque raramente canto para me lembrar de alguma coisa, geralmente o faço só por prazer.[1]

Não fiquei satisfeito com a nossa paródia. Embora ela imite Santo Agostinho, parte dela é genuinamente original. Mesmo assim, é difícil ter certeza sobre o que foi incluído simplesmente para imitar Agostinho e o que foi incluído porque John e eu achamos interessante ou adequado. Por exemplo, o comentário final de John – "Sim, mas aí [cantando] você está dizendo para si mesmo como você se sente" – foi original e muito interessante.

Então, abandonamos a paródia como modalidade de diálogo. Em lugar dela, escrevemos vários diálogos próprios que começavam com as inquietações que John expressara e nos quais nós dois tentamos abordar ao máximo essas inquietações.

---

1. Santo Agostinho, *Augustine: Early Writings*, trad. J. H. S. Burleigh (Filadélfia: Westminster Press, 1953), p. 69.

O método foi este: primeiro, escolhíamos uma das perguntas de John para debater. Eu a escrevia no papel. Então eu pensava numa resposta e a escrevia. Depois eu lia em voz alta a pergunta e a minha resposta e pedia a John que pensasse numa réplica. Ele geralmente pensava um pouco e então dizia alguma coisa, que eu escrevia.

John deu a impressão de gostar dessa atividade. Ele participou entusiasmado por várias noites seguidas. Durante um café da manhã, a mãe de John ouviu esta conversa entre ele e a irmã mais velha:

John: Você sabe o que o papai e eu estamos fazendo?
Irmã: O quê?
John: Estamos escrevendo um diálogo.
Irmã: Sobre o quê?
John: Sobre o que nós não compreendemos.

Em um só encontro produzimos vários diálogos, dois dos quais reproduzo:

John: Há muito tempo, na época do homem das cavernas, ninguém conseguia falar, certo?
Pai: Você quer dizer que ninguém tinha um idioma?
John: Isso. Bom, então como é que alguém podia pensar naquela época?
Pai: E o que você diz de um bebê que ainda não aprendeu a falar? Ou de *você* mesmo, antes de ter aprendido a dizer a primeira palavra? Você pensava?
John: Não. Quando os bebês são muito pequenos, eles não pensam.
Pai: Imagino que você não saiba qual foi a primeira palavra que você aprendeu.
John: Sei, sim – "sutodiaçã" (suco de maçã).
Pai: Está bem, vamos dizer que seja isso. Um pouco antes de você dizer "sutodiaçã", você conseguia reconhecer um suco de maçã? O que você acha?

John: Você quer dizer se eu acho que eu sabia que aquilo era suco de maçã?
Pai: Sim.
John: Eu acho que eu sabia que era uma coisa que a minha barriga gostava, mas eu não tinha como *pensar* nisso.
Pai: Pense em alguém do recreio da sua escola cujo nome você não saiba.
John: Eu sei o nome de todo mundo do meu recreio.
Pai: Então pense em alguém das aulas de catecismo cujo nome você não saiba.
John: Está bem.
Pai: Como você faz isso?
John: Como assim?
Pai: Como você pensa nessa pessoa cujo nome você não sabe?
John: Eu tenho a imagem dela na cabeça.
Pai: Você acha que, quando era bebê, poderia ter tido uma imagem do suco de maçã [na cabeça]?
John reflete.

John: Vamos voltar para o colega em quem eu devo pensar. Eu tenho de dizer para mim mesmo: "Pense num colega do catecismo." Eu não poderia ter feito isso se eu não conhecesse nenhuma palavra.
Pai: Mas não seria possível uma imagem aparecer para você, sem você dizer nada para si mesmo?
John: Você quer dizer só aparecer? Bum?
Pai: Sim.
John: Mas ela não ia significar nada. Eu não poderia dizer o que era ou dizer a mim mesmo que eu estava pensando em alguém.
Pai: Entendi o que você quer dizer. É verdade, e muito importante. Mas suponha que eu esteja brincando de esconde-esconde com um bebê. Eu me escondo atrás de um sofá. O bebê franze o rosto. Eu apareço de repente e digo: "Achou!" O bebê cai na risada. Eu faço de novo. Quando eu desapareço, o bebê franze o rosto, e, quando eu apare-

ço e digo: "Achou!", o bebê dá risada. O bebê não está pensando alguma coisa?
John: Você fazia isso mesmo?
Pai: Fazia, fiz isso muitas vezes. Fiz isso com você antes de você saber falar. Você não acha que você pensava algo como "Aí está ele de novo" sempre que eu aparecia e dizia: "Achou!"?
John: Você fazia isso mesmo?
Pai: Sim, fiz várias vezes. Às vezes eu dizia: "Onde é que está o papai? Onde é que está o papai?" Aí eu aparecia de repente e dizia: "Achou!"
John: Talvez um bebê possa entender *alguma coisa* do que você está dizendo antes que ele consiga dizer por si mesmo.
Pai: Você quer dizer que ele poderia dizer para si mesmo antes de conseguir pronunciar?
John: Sim... ou mais ou menos isso.

Depois desse encontro, decidi ler para John o trecho das *Confissões* de Agostinho que Wittgenstein cita no início de *Philosophical Investigations*[2]. Eu traduzi o texto duro e pedante da tradução para o inglês com palavras que achei que soariam mais naturais para John. Aqui está o texto duro e pedante:

> Quando eles (meus parentes mais velhos) pronunciavam o nome de algum objeto, e quando, segundo essa palavra, moviam-se em direção a alguma coisa, eu via e notava que a coisa era chamada pelo som que eles pronunciavam quando queriam designá-la. Esse querer era-me revelado por seus movimentos corporais, como se essa fosse a linguagem natural de todos os povos: a expressão do rosto, a movimentação dos olhos, o movimento de outras partes do corpo e o tom da voz, que expressa nosso estado de espírito quando pede ou possui, rejeita ou evita alguma coisa.

---

2. Wittgenstein, *Philosophical Investigations*, p. 2.

Assim, à medida que eu ouvia repetidamente palavras dispostas de modo correto em frases variadas, aprendi pouco a pouco a compreender quais os objetos que elas significavam; e depois de ter exercitado minha boca para formar aqueles sinais, eu os usei para expressar meus desejos. (1.8.13)

John e eu escrevemos juntos um diálogo curto:

John: Ele não pode *saber* que é isso que ele fez. Ele agora pensa que foi isso o que ele *provavelmente* fez. Ele não *tem certeza* disso.
Pai: Mas ele não tem razão quando diz que queria alguma coisa, por exemplo, leite, antes de saber a palavra leite?
John: Como é que ele poderia querer alguma coisa? Ele teria de imaginar isso e com palavras.
Pai: Quando Arthur [nosso cachorro] me vê preparando a comida dele e se aproxima balançando o rabo, você não acha que ele quer comer alguma coisa?
John: Sim, mas ele tem a linguagem dele.
Pai: Como você sabe?
John: Porque ele não balançaria o rabo se não tivesse uma linguagem.
Pai: Você quer dizer que balançar o rabo é uma espécie de linguagem de sinais?
John: Não, ele precisa dizer para si mesmo para balançar o rabo. Ele tem de ter uma linguagem para fazer isso.

Quando John se saiu com essa última fala, pensei imediatamente numa passagem de *De continentia*, de Agostinho: "Na verdade fazemos muitas coisas com a boca fechada, a língua em repouso, a voz refreada; mas não fazemos nada com o corpo que não tenha sido antes ditado pelo coração" (2.3)[3].

---

3. Veja também Santo Agostinho, *De Trinitate* 9.7.12, 15.11.20.

A FILOSOFIA E A CRIANÇA

ENQUANTO EU ESCREVIA este capítulo, decidi ler algumas passagens dele para John. Perguntei a ele se tinha pensado nessas questões recentemente. Havia passado um ano e meio desde que escrevemos juntos os diálogos. John, com onze anos, tinha chegado a uma idade em que é muito mais incomum as crianças formularem perguntas filosóficas ou fazerem comentários filosóficos.

"Não muito", respondeu. Ele pensou um pouco e acrescentou: "Mas eu agora acredito que os bebês pensam."

"Ah", disse eu, "você acha que eles conseguem falar consigo mesmos antes de falarem conosco?"

"Sim", disse John, "mas eles não se lembram mais tarde como eles faziam isso. A gente não se lembra como era ser bebê".

Aparentemente a filosofia persiste, ainda que menos clara e menos insistente do que antes. Se John alterou seus interesses para atender às expectativas do mundo adulto que o cerca, é uma pena. Mas, se ele simplesmente tem outros interesses, isso é muito natural. Há mais coisas na vida que a filosofia.

Índice remissivo

Agostinho, Santo, 3, 20, 31, 112, 116-7, 120-1
Alhazen, 12
Analogias, 42, 102
Ansiedade, 22, 99-100
Aparência e realidade, 6-9, 69, 71-2
Aristóteles, 4, 17, 24, 76, 107
Asteísmo, 18-9
Austin, John, 73

Bacon, Roger, 12
Baum, L. Frank, 69-70, 91, 93
Behaviorismo, 52-3, 55, 57
Bettelheim, Bruno, 77-95

Carroll, Lewis, 8, 31-2, 73-4
Categorias, 20
Céus, 105-7
Chesterton, G. K., 79
Chisholm, Roderick, 70
Cogito, ergo sum, 30-1
Coisidade, 18-21
Conhecimento, 34-5

Dados dos sentidos, 7
Descartes, René, 30, 32

Desejos, 75-6
Deus, 37-8, 42
Diálogos, 114-22
Dor, 21-3
Dualismo, 51-2
Dúvida, atudimento, perplexidade, dilema, confusão, intrigar, 3-13, 15, 35, 62-3, 97, 112-3

Epistemologia, 7-8, 69, 81, 86
Ética, 35-7
Exercício de idéias (*Gedankenexperiment*), 86, 88-9, 91, 93

Fantasia, 77, 85-6; fantasia filosófica, 69-70, 71, 73, 75, 86
Fatalismo, 40
Filme, a vida como um, 39-40
Finalidade, 24-5
Freud, Sigmund, 82, 94
Fundacionalismo, 8, 69
Furth, Montgomery, 68

Geach, P. T., 51-2

Homem primitivo, 77-8

Identidade, teoria da, 51-2
Indução, problema de, 6
Infinito, 41-4, 79, 81
Ingenuidade, 78-9, 83, 107, 109-10
Invenção, 90, 92-3
Isaacs, Susan, 16, 21, 23, 26, 72

James, Williams, 52
Jogo conceitual, 15-6, 26-7

Kepler, Johannes, 12-3

Lewis, C. S., 41
Lobel, Arnold, 75-6
Locke, John, 71
Lógica, 17-8
Lógica livre, 38
Lógica modal, 18
Lugar, 22-3, 25-6, 61-4

Mal, 41
Malcolm, Norman, 33
Mentira, 48
Metafísica, 18, 69, 81, 87
Milne, A. A., 15, 73
Modelos, 80-1
Modus ponens, 38
Modus tollens, 38
Morte, 9-10, 19, 22, 43, 100
Mundo, início do, 26-7
Myller, Rolf, 88

Não-ser, 19, 68
Nelson, John O., 67
Nomes, 15-6, 37-8

Objeto concreto, 19
Ontogênese recapitula a filogênese, 83-6

Ostensão, ambigüidade da, 112
Owen, G. E. L., 8

Pais, 26, 99-100
Palavras, significado das, 45, 72-5, 107-22
Paradigma, 89
Parmênides, 39, 68
Paulo, São, 76
Pensamento, concepção da criança sobre, 49-50, 55-6, 60-1
Percepção, 6-7, 11-3, 71-2
Piaget, Jean, 37-8, 45-65, 79, 84, 107-8
Platão, 17, 24, 34, 50, 89

Quine, W. V., 56

Reconforto, 100-1
Romanceamento, 47-50
Russell, Bertrand, 4, 29, 33, 38, 90

Ser, 67-8, 102
Shakespeare, William, 19
Socialização, 47, 84
Sócrates, 110
Sonhos, 3-4, 29-32, 57-62, 66-8
Spaemann, Robert, 110
Stoppard, Tom, 19
Substituição, 70, 102-3

Tashlin, Frank, 66, 68
Taxonomia, 87-8
Técnicas filosóficas, 97-8
Termos relativos, 16-7
Teseu, navio de, 70, 103
Thurber, James, 71, 82
"Tudo", 88

ÍNDICE REMISSIVO

Universo, 26, 41-4
Utilitarismo, 36-7

Validade, 31, 39
Vida, 9-10, 39, 45; livro da, 39
Visão, 10-3
Vontade, força de, 75-6

Watson, J. B., 51, 53
Wiseman, B., 86
Wittgenstein, Ludwig, 4, 74, 120

IMPRESSÃO E ACABAMENTO
Yangraf Fone/Fax: 218-1788